제발
지갑 열지마

제발
지갑열지마

제발
지갑 열지마

권종영 지음

첫 월급부터 시작하는 2030 재테크

날짜	내용	찾으신 금액	예금하신 금액	남은금액
20200210	급여		2,100,000	2,153,000
20200210	떡볶이	11,500		2,141,500
20200211	버스요금	143,460		1,998,040
20200215	학자금대출	500,000		1,498,040

○○은행

21세기북스

　　20대 열정 넘치던 시절 기자로 일하면서 다양한 사람들을 만났습니다. 생계를 위해 시위를 하시는 분부터 연예인, 수백 수천억대 매출을 올리는 사업가까지……. 각계각층의 사람들을 만나면서 느낀 한 가지는 '다들 돈 때문에 울고 웃는구나'였습니다. 이를 계기로 금융권으로 뛰어들어 또 새로운 사람들을 만났습니다. 대부분 주부 혹은 취업에 성공한 사회 초년생이었습니다. 이들에게도 공통점이 있었습니다. 모두 부자가 되고 싶다고 하면서도 노력은 하지 않는다는 것이었습니다. 그럴 때마다 느낀 답답함이 이 책을 집필하게 된 계기입니다.

　　돈의 흐름을 온전히 관리하는 것은 재테크에서 가장 중요한 요소입니다. 하지만 이는 생각만큼 쉽지 않습니다. 그 이유는 돈을 직접 다루기 시작한 이후의 경험들로 인해 굳어진 습관 때문입니다. 특히 직장인들의 월급에 맞춰진 '소비 역량'은 정말 깨기 어려워서 많은 사람들이 재테크에 대한 지식을 쌓아도 막상 실천하지는 못합니다.

이 책은 이제 막 월급을 받기 시작하는 분들이 좋은 습관을 쌓고, 누구보다 빠르게 재테크의 맛을 느끼길 바라며 썼습니다. 처음의 경험이 평생의 부를 좌우할 수 있습니다. 재테크는 본인이 한 노력만큼, 혹은 그 이상으로 수익을 얻었을 때 가속도가 붙습니다. 예상을 넘어서는 수익을 맛보는 순간, 누가 시키지 않아도 더 공부하고 내공을 닦게 됩니다. 아직까지 돈에 큰 관심을 갖지 않았던 분들이 이 재미를 느끼셨으면 합니다. 이 책이 팍팍한 현실을 살고 있는 많은 분들에게 여유로운 삶으로 향하는 길잡이가 되기를 소망합니다.

차례

"재테크에 성공하기 위해서는 우리의 마음부터 잘 다스려야 합니다. 평생 우리를 따라다닐 '돈'을 제대로 바라볼 수 있어야 하고, 충동적인 욕구도 통제해야 합니다. 세상을 바라보는 시각도 넓혀나가고, 우리 앞에 다가올 현실을 예측하는 눈도 길러야 합니다."

· 1장 ·

나도 모르게
지갑이 열린다

 # 돈은 사랑꾼이다

혈기 왕성한 젊은 연인은 뜨거운 사랑에 울고 웃습니다. 사랑이 인생의 전부인 듯 자신이 가진 모든 것을 쏟아버리는 경험, 살면서 한번쯤 해보죠. 그러나 자신이 쏟고 기대하는 만큼의 사랑을 상대가 주지 않는다면, 결핍을 느끼게 되고 그로 인한 거부반응을 연인에게 표출하게 됩니다.

뜬금없이 사랑 이야기를 하는 이유는 자본주의의 핵심인 돈이 바로 이 시대 최고의 사랑꾼이기 때문입니다. 돈은 어떤 대상보다 큰 관심을 받고 있습니다. 또 더 받고 싶어 합니다.

하지만 우리가 지금껏 보내왔던 그 관심은 대부분 무용한 것이었을지도 모릅니다.

제가 만나온 수강생들, 상담이나 인터뷰를 통해 만나왔던 분들 중 돈과 부에 관심이 없는 분은 없었습니다. 모두 부자가 되고 싶고, 남들보다 여유롭게 살고 싶다고 했죠. 그렇지만 본인이 꿈꾸는 수준만큼 '돈'이라는 사랑꾼에게 애정을 주느냐를 살펴보면 대부분이 그렇지 않았습니다. 본인이 기대한 만큼 연인이 사랑을 주지 않는다면 기분이 좋을까요? 당연히 아니죠. 돈 역시 마찬가지입니다. 돈은 자신을 원하는 수많은 사람 중 본인에게 더 많은 관심과 노력을 쏟는 사람에게 더 높은 확률로 수익을 안겨줍니다.

로또에 당첨되거나, 주위의 권유로 우연히 투자했다가 큰 수익을 보는 경우도 간혹 있습니다. 하지만 꾸준하게 수익을 내는 사람들은 전문가 수준의 정보력과 노하우를 가지고 있기 마련입니다. 강의를 다니다보면 놀라울 만큼 뛰어난 경제적 식견이나 경험을 갖고 있는 수강생을 만나는 경우가 종종 있습니다. 경제 전반으로 놓고 봤을 때에는 제가 더 많은 정보를 가지고 있을지 모르나 주력으로 삼는 특정 재테크 방식에서만큼은 제 수준을 상회하는 능력자들을 만날 때면 감탄을 금치 못합니다. 그분들은 저 이상으로 재테크 정보를 깊이 바라보고, 예측하고, 판단합니다. 그로 인해 확신을 가지고 투자를 하고 있으며, 원하는 수준의 성과를 이뤄냅니다. 제가 어떤 조언을 드리지 않아도 철두철미하게 본인의 현금 흐름을 컨트롤합니다.

이 수준에 다다르기 전까지는 대다수의 사람들과 비슷했겠지만, 본인의 의지나 어떤 계기를 기점으로 무수한 노력과 경험을 쌓은 것입니다. 투자와 그로 인한 수익은 또 다른 동기가 되며, 이를 바탕으로 더 큰 꿈을 품고 새로운 투자를 계획하게 됩니다.

주위에서 누군가 큰돈을 벌었다, 대박을 냈다는 소리를 들어도 남 일로 여기고, 돈에 헛된 관심만 가지고 있는 것이 우리의 현실입니다. 대다수가 돈을 바라만 보고 있으며, 돈이 스스로 다가오기만 기다립니다. 어미의 먹이를 기다리는 아기 새처럼 말이죠.

반면 누군가는 분명 스스로의 노력으로 이 순간에도 급여 이외의 소득을 쌓아가고 있습니다. 소득 상위 10%에 해당하는 부유한 계층은 본인의 능력을 향상시키기 위해, 혹은 확실한 부의 체계를 구축하기 위해 끊임없이 애쓴 사람들입니다.

돈은 그 누구보다 사랑을 갈구합니다. 돈은 사람들이 누군가의 관심과 사랑을 받고 싶어 하는 수준 이상으로 관심에 목말라 합니다. 그렇기 때문에 우리가 시간을 할애해 공부하고 노력한다면 돈은 노력 이상으로 반응해줄 것입니다.

이 책의 목표는 하나입니다. 이제 막 자본주의라는 체제를 맞닥뜨린 사회초년생들, 혹은 이제 막 재테크를 시작하려는 분들이 이 책을 통해 현실을 올바로 인식하고 보다 효율적으로 돈과의 '밀당'에 임하여 꼭 성공하기를 바랍니다.

재테크는 생각보다 단순하지만 또 생각보다 복잡합니다. 한 개인의 상황과 여건, 투자 방식에 따라 고려해야 할 요소도 다릅니다. 이 책은 이제 막 사회에 발을 내딛는 분들이 평생 동안 계속될 돈과의 사랑싸움에서 기억해야 할 최소한의 상식과 팁을 소개하는데 주력하고 있습니다.

세상 무엇보다 소중한 내 월급

한때 드라마 〈미생〉이 선풍적인 인기를 끌었습니다. 지상파 방송사를 압도하는 시청률을 기록했을 뿐 아니라 동명의 원작 도서 판매량도 급증했죠. 많은 시청자가 〈미생〉에 호감을 느낀 가장 큰 이유는 우리가 처한 '현실'을 고스란히 담고 있었기 때문일 것입니다.

〈미생〉은 직급이 높은 이들이 가장으로서 짊어지고 있는 현실의 무게를 생생하게 담아냈습니다. 가슴 한 구석에 혹은 서랍 깊은 곳에 품고 있지만 가족을 부양해야 하는 책임감에 선뜻 꺼내놓지 못하는 사직서, 회사에서 요구하는 목표치를 달성하기 위해 자신만의 방식으로 조직을 이끌어가면서 겪는 내적 갈등 등 다양한 요소들이 시청자의 공감을 일으켰습니다.

또한 이제 막 입사라는 문턱을 넘은 젊은 청춘들이 새로운 직장 문화에 적응해나가면서 겪는 다양한 갈등 역시 사실적으로 그려냈습니다. 누구보다 노력해 꿈에 그리던 곳에 다다랐지만 조직문화 혹은 동료들과 부딪히면서 고뇌하는 인물들은 현실 속 우리네 삶을 그대로 투영했습니다.

〈미생〉의 주인공은 가진 것 하나 없었지만 우연히 과분한 기회를 얻고 온갖 차별과 멸시를 이겨내며 조직의 구성원으로 인정받기 위해 고군분투합니다. 경쟁자들에 비해 한없이 부족한 경력을 극복하기 위해 남들보다 늦게 퇴근하고, 남들보다 더 고뇌합니다. 일련의 장면들은 소위 헬조선을 살아가는 젊은이들의 많은 공감을 이끌어냈습니다.

우리가 직장에서 전쟁 같은 일들을 겪으며 대가로 받는 보상이 바로 '월급'입니다. 저 역시 직장생활을 하며 월급을 받았던 시절이 있었습니다. 한 사람이 한 달 동안 다양한 압박과 스트레스를 겪으며 수령하는 게 월급입니다. 누군가는 상사의 불합리한 지시를 이행하며, 또 다른 누군가는 집안에 갑작스레 생긴 어려운 상황을 이겨내며 한 달을 보냅니다. 각자의 사정과 그 기간 동안 투입한 노력은 저마다 다르겠지만 핵심은 우리 모두 '소중한 내 시간'을 투자했고, '소중한 내 역량'을 회사에 투입했다는 겁니다. 만족도는 달라도 한 달을 견딘 모두가 받는 게 바로 '소중한 월급'입니다.

하지만 현실의 스트레스를 당장 해소하고 싶은 순간적인 욕구에 못 이겨 소중한 자산을 함부로 취급하며 소비하는 경향이 심합니다. 무거워진 사회 분위기, 다양한 유형의 사회적 갈등, 어려워진 서민 경제……. 원인은 차고 넘치지만 이를 핑계 삼아 하는 능력을 넘어서는 과소비는 분명 지양해야 합니다. 누구보다 치열하게 한 달을 이겨내고 손에 쥔 돈을 보다 값지게 쓰고, 모으기를 바랍니다.

정말 다양한 유혹이 우리 주변에 있습니다. 돈을 쓰지 않고는 못 배기도록 각양각색의 장치들이 우리에게 소비를 강요하고 있습니다. 이 유혹을 이겨내는 이들보다 유혹에 넘어가 오직 소비로만 스트레스를 푸는 사람들이 훨씬 많습니다. 물론 일정한 소비와 보상은 필요하지만 '중독'으로 봐도 될 만큼 소비에 푹 빠져 있는 이들을 보면 불안한 마음이 앞섭니다.

눈앞의 스트레스를 풀기 위해 돈을 쓴다지만 다음 월급일이 다가올수록 빠른 속도로 얇아지는 지갑을 보면 또 다른 스트레스와 압박이 찾아올 따름입니다.

집단 간 갈등은 커지고, 흉악한 범죄도 증가하고 있습니다. 갑을 관계는 더욱 소원해져가고, 군중 속의 고독은 한층 무거워졌습니다. 순수, 낭만, 사랑과 같은 아름다운 형이상학적 가치들을 주변에서 찾아보기도 어려워졌고요. 그렇다 해도 내 인생을, 내 자산을 가장 소중하게 생각해야 할 사람은 바로 우리 자신입니다. 나보다 내 자산을 소중하게 여겨주는 이는 없습니다. 스스로가 이성적 판단 없이 감정적으로만 자산을 허비한다면 그 후에 다가올 결핍은 누구도 챙겨주지 못합니다.

드라마 〈미생〉에는 이런 말이 나옵니다. "우리는 모두 미생이다. 완생으로 나아가는 과정에 있다." 맞습니다. 저나 여러분 모두 미생입니다. 우리보다 조금 높은 위치에 있는 이들도 결국에는 완생으로 가는 과정에 있을 뿐입니다. 미생에서 완생으로 가는 길에는 최소한의 '넉넉함'이 필요합니다. 우리가 자본주의 사회에서 사는 이상, 내 집과 차를 가진 사람이 그렇지 않은 사람들보다 경제적으로 완생에 가까이 있다고 할 수 있습니다. 물론 이것이 행복이나 성공의 절대적인 기준은 아니지만 나만의 완생을 설계하는 데 어느 정도 여유는 도움이 된다는 것을 알기에 우리는 재테크에 관심을 갖는 겁니다.

여러분, 소중한 월급을 허투루 쓰지 마세요. 오늘만 사는 게 아닙니다. '내일의 나'도 현재의 나와 똑같은 우리 자신입니다. 내일의 자신이 누려야 할 권리를 과도하게 빼앗지 마세요. 내일의 나와 현명하게 의논해가며 완생으로 한 발자국씩 내디뎌봅시다.

소중한 내 돈을 누구보다 잘 쓰는 방법은 돈이라는 사랑꾼과의 사랑싸움을 누구보다 빨리 시작하는 겁니다. 돈의 속성을 이해하고, 남들보다 일찍 재테크에 관심을 두는 것만큼 소중한 내 돈을 효과적으로 관리하는 방법은 없습니다.

작은 발걸음이 당장 눈에 띄지는 않을 겁니다. 그래도 우리 함께 조금씩 완생으로 나아가봅시다.

선순환을 만들자

어떤 일을 하든 선순환이 중요합니다. 가령 공부를 할 때에도 내가 책을 본 시간만큼 성적이 나오면(노력에 대한 보상이 따르면) 그 성취감에 취해 더욱 공부에 집중할 수 있습니다. 재테크 역시 다르지 않습니다. 정해진 월급을 받으며 하는 회사 업무와 다르게 재테크는 한번 선순환이 시작되면 금전적 이익으로 고스란히 돌아온다는 측면에서 중독성이 상당히 강합니다. 하지만 이 선순환을 만끽하는 사람은 많지 않습니다. 돈과 관련된 욕구를 통제한다는 것은 무엇보다 힘든 일이기 때문입니다.

단 한 번이라도 선순환의 맛을 본다면 이전으로 후퇴하는 일 없이 승승장구할 수 있습니다. 그 문턱 앞에서 무너지지 말고 딱 한 번만 수익을 거둬보세요. 누가 등 떠밀지 않아도 그 맛에 이끌려 적극적으로 긍정적인 흐름 속에서 살게 될 겁니다.

재테크 선순환의 단계는 다음과 같습니다.

시작은 우리 대부분의 마음에 자리 잡고 있는 '무의식적 소비'입니다. 소비에 빠진 이들은 급여를 체계적으로 관리하지 않습니다. 돈에 대한 개념이 명확하지 않으며, 월급일 전에 통장 잔고가 바닥납니다. 또한 저축이나 투자보다는 소비에 많은 관심과 노력을 기울입니다. 즉흥적으로 주머니에서 지갑을 꺼내는 일이 잦으며, 여유자금의 50% 이상을 소비욕의 유혹

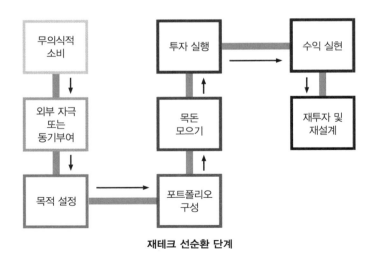

재테크 선순환 단계

에 응답하는 데 사용합니다.

이런 상황에서 변화를 가능하게 하는 것은 '외부 자극'이나 '동기부여'입니다. 외부 자극은 의도치 않는 상황이 찾아와 금전적 어려움을 겪는 것입니다. 강제적으로 지출을 하기 어려운 상황이 되면 본능적으로 절제하기 시작합니다. 이와 반대로 동기부여는 자기 의지로 재테크에 입문하는 과정입니다. 스스로 욕구를 통제하기 시작했다는 의미이기 때문에 탄탄하게 기초를 다질 수 있습니다.

이 두 가지 모두 재테크에 입문하는 과정이라는 점에서 공통적이지만 자발성이 있느냐 없느냐에 차이가 있습니다. 외부 자극을 통해 재테크를 시작한다면 불편하고 불안정한 상태로 진행되기 때문에 그 과정이 고통스럽습니다. 더 나아가 자극이 사라지면 구축해나가고 있던 선순환 시스템이 한순간에 무너질 확률이 큽니다. 때문에 자발적 의지로 시작하는 게 최선입니다.

돈을 모으려는 마음이 들었다면 이제 '목적 설정'과 '포트폴리오 구성'을 해야 합니다. 돈을 모아 무언가를 하겠다는 목적을 설정하면 목적이 없는 사람보다 흔들림 없이 선순환을 경험할 확률이 높습니다.

목적을 설정할 때에는 '큰 목적'과 주기적 보상을 위한 '작은 목적'으로 나누면 좋습니다. 부자가 되겠다거나 내 명의의 집을 마련하겠다와 같은 큰 목적은 장기적인 성격을 띱니다. 언제 이룰지 확정하기도 어려우며 오랜 기간을 기다려야 합니다. 웬만한 근성 없이는 중도에 결심이 흔들리기 십상입니다. 흔들림을 방지하기 위한 장치가 작은 목적입니다. 큰 금액은 아니어도 긍정적 자극을 주기 위한 작은 보상이 시기적절하게 이뤄진다면 흔들리지 않고 목표를 향해 나아갈 수 있습니다.

목표를 이루기 위한 금액이 설정되면 월급을 재배분합니다. 소비와 무분별한 지출을 구분하고, 저축과 투자를 위해 월급의 일부를 할당합니다. 지속적으로 포트폴리오는 수정됩니다. 점차 소비보다 저축과 투자의 비중이 늘고, 안정적인 재테크 체계가 확립됩니다.

본인만의 포트폴리오가 완성되면 '목돈 모으기' 단계가 활성화됩니다. 포트폴리오가 흔들리면 목돈이 모이지 않습니다. 단단한 체계가 목돈을 완성하는 기초입니다. 목돈은 가능한 빠르게, 크게 모으는 게 좋습니다. 저는 가능하면 최대한 빨리 1,000만 원을 넘겨보라고 말씀드립니다. 이렇게 모인 목돈도 큰 동기부여가 되기 때문입니다. 그리고 이 선을 넘겨야 쓰기보다 모으고 투자하는 쪽으로 생각의 방향이 바뀝니다.

목돈이 모이면 본격적으로 투자에 돌입합니다. 모인 목돈을 보다 가치 있게 활용하기 위해 철저히 고민합니다. 목돈을 형성하는 과정이 결코 쉽지 않았기 때문에 신중하게 투자처를 찾을 수밖에 없습니다. 가벼운 마음으로 '한번 해볼까' 하며 다가가는 이들과는 그 무게가 다릅니다.

저는 가능하면 목돈 모으기와 투자를 병행하라고 조언합니다. 적은 금액으로 투자를 하면 손실에 대한 부담이 적으니까요. 이렇게 체득한 노하우가 있으면 실질적으로 투자해서 재미를 볼 수 있는 목돈이 생겼을때보다 자신감 있게 임할 수 있습니다.

충분한 노력을 기울이면 많든 적든 수익을 거둘 수 있습니다. 노하우가 많을수록 더 큰 이익을 거둘 확률이 높아지겠죠. 물론 세상에 100%는 없습니다. 항상 공부하고, 매일 신문을 읽는 저도 투자를 하다 손실을 볼 때가 있으니까요. 그렇지만 '돈'은 분명 우리의 노력에 반응을 보이는 존재입니다. 필요한 정보를 수집하고, 경험을 쌓아 투자에 임한다면 충분히 보상받을 수 있습니다.

일단 수익을 경험하고 나면 자연스럽게 투자 수익을 재투자하게 되고, 그로 인해 또 다른 부를 축적하는 선순환의 고리가 완성됩니다. 탄탄한 미래를 꾸릴 수 있는 중요한 토대가 마련되는 겁니다.

부자가 되는 지름길 따라 밟기

경험한 적이 없는 일을 시작하려고 할 때 실패를 줄일 수 있는 방법은 뭘까요? 가장 확실한 방법은 앞서 정상에 섰던 사람의 노하우를 참고하는 것입니다. 이미 성공한 사람보다 더한 노력을 기울인다면 큰 성과를 거둘 가능성도 더욱 커지겠죠. 재테크도 마찬가지입니다. 남들이 부러워할 만한 성공과 부를 손에 쥔 사람들의 '습관'은 참고하기 좋은 본보기입니다.

지금 당장의 우리는 부유하지도 않고, 부자들과 만나서 친구처럼 스스럼없이 이야기하기도 어렵습니다. 그렇지만 다행스럽게도 부자가 되기 위해 치열한 노력을 했던 사람들의 습관은 인터넷 검색만으로도 손쉽게 확인할 수 있습니다. 그래서 이번에는 큰 성공을 거둔 부자 5명의 습관을 한 번 살펴보도록 하겠습니다.

KBS의 〈경제 비타민〉이라는 프로그램에서 세계적인 부자들의 성공 습관을 소개한 적이 있습니다. 오프라 윈프리, 정주영, 하워드 슐츠, 워런 버핏, 빌 게이츠가 그 주인공입니다. 이들의 철칙 5가지를 살펴보도록 하죠.

오프라 윈프리는 "사람들을 쉽게 포용하라"는 말을 남겼습니다. 편견 없이 상대를 대하고, 그 본질을 이해하고자 했던 노력은 그녀의 성공 동력입니다. 이러한 마음가짐이 없었다면 그녀가 '토크쇼의 여왕'이 될 수 있었을까요? 재테크도 마찬가지입니다. 투자 상황이나 환경, 금융 상품을 고정관념이나 선입견 없이 바라봐야 합니다. 오로지 본질만을 두고 이성적으로 판단해야 합니다. 일반적인 의미에서 포용이 감성적인 것이라면 재테크에서는 끊임없이 이성적인 포용을 해나가야 합니다.

현대를 국내 굴지의 기업 중 하나로 성장시킨 고 정주영 회장은 "해보기나 했어?"라는 굵직한 말 한마디를 남겼습니다. 벌어지지 않은 미래를 두려워하기만 하고 주저하는 직원들에게 했던 말입니다. 현재를 살아가는 우리에게도 깨달음을 줄 수 있는 명언입니다. 21세기를 살아가는 일부 청춘들은 안타깝게도 많은 걸 포기합니다. 당장의 어려움, 미래의 불안감에 억눌려서 말이죠. 하지만 해보기 전에 속단하는 건 옳지 않습니다. 투자를 할 때에도 지레 겁을 먹고 도전하지 않거나 고민만 하는 사람이 많습니다. 그러다 적절한 투자 시기를 놓치기도 합니다. 일단 시작해보면 이전의 고민이 얼마나 부질없었는지 금세 깨달을 수 있습니다.

스타벅스의 아버지라 불리는 하워드 슐츠는 매일 다른 사람과 점심 식사를 하려 했습니다. 인간 중심의 경영을 시도했던 것으로도 유명한 슐츠는 다양한 사람들을 만나면서 간접 경험을 늘리고, 그들의 삶과 생각을 공유했습니다. 이를 통해 아집에 빠질 위험을 제거하고 동시에 사고를 확장시킬 수 있는 기회를 꾸준히 만든 거죠. 내면과 세상을 바라보는 시야를 넓히려는 노력은 투자 수익과도 연결됩니다. 세상을 넓게 바라볼수록 더 많은 투자처를 찾아낼 수 있고, 다양한 사람들과의 교류를 통해 형성된 유연한 사고방식은 효율적인 재테크 체계를 구축하는 힘이 됩니다.

투자의 귀재 워런 버핏은 압도적인 독서량으로 유명합니다. "한 분야의 전문가가 되려면 다른 사람보다 5배 더 읽어라"라고 말하는 그는 실제 엄청난 양의 책과 신문을 읽으면서 정보를 수집했습니다. 방대한 정보는 그가 해왔던 무수한 투자에 확신을 주었습니다. 비단 워런 버핏뿐만 아니라 대다수 유명 CEO들은 독서를 생활화합니다. 특히 '신문'을 꾸준히 읽는데, 최소 2~5종을 섭렵합니다. 투자 파트에서 신문의 중요성을 다루겠지만, 신문은 세상과 돈의 흐름을 읽는 가장 기초적인 수단입니다.

이들의 습관을 종합할 만한 이야기가 거대 부호 빌 게이츠의 입을 통해서 등장합니다. 그는 항상 '다른 사람의 좋은 습관을 내 습관'으로 만들고자 했습니다. 각양각색의 장점을 흡수해 자신의 것으로 만들었기에 전 세계에서 손꼽히는 부자가 될 수 있었습니다.

부자가 되고 싶거나 경제적 여유를 원한다면 비슷한 환경에서 성공을 이룬 사람들의 방식을 모방해보세요. 같은 월급을 받지만 자신보다 통장 잔고가 넉넉한 동료가 있다면 그 동료가 어떻게 월급을 운용하고 있는지 물어보세요. 나와는 다른 패턴을 발견할 수 있을 겁니다.

　모두가 알만한 인물들의 성공 습관을 살펴봤습니다. 생활 속에 습관을 녹여낸다는 게 결코 쉬운 일은 아니지만, 투입되는 시간과 노력이 없다면 만족스러운 결과가 따라올 리 없습니다. 이중 절반이라도 취할 수 있다면 그렇지 않은 이들보다 훨씬 빠르게 재테크에 성공해 꿈꾸던 삶을 영위할 수 있으리라 확신합니다.

반드시 마주해야 할 절박한 미래

　　이번에는 우리를 둘러싸고 있는 현실을 직시해봅시다. 사회 전반에서 생존 위험을 알리는 경고음이 울리고 있으며, 기술 발달의 어두운 이면도 존재합니다. 무비판적이었고 당연시했던 태도를 바로잡아야만 재테크를 시작하겠다는 마음을 먹을 수 있습니다. 지금껏 우리는 재테크를 막는 부정적인 환경과 상황에 노출되어 왔습니다. 별생각 없이 주변의 유혹에 따라가며 이성적이지 않은 지출을 인지하지 못하고 있을 확률이 높습니다. 이번 장의 내용을 통해 현실을 자각하고 당장 내일이라도 재테크에 입문해야겠다는 최소한의 자극을 받으실 수 있기를 바랍니다.

일자리가 사라지고 있다

이세돌과 알파고의 대국으로 4차 산업혁명의 시대가 열렸습니다. 우리는 이미 기계와 인공지능의 힘이 극대화된 시대를 살아가고 있습니다. 4차 산업혁명 시대에 대한 우려는 이전부터 지속적으로 제기돼왔습니다. 인간이 담당해왔던 영역이 점차 기계로 대체된다는 건 마냥 행복한 이야기는 아닙니다. 언론 매체는 이 시대에 사라질 직업을 언급하며 경고하고 있습니다. 하지만 우리는 이에 대한 심각성을 인지하지 못하고 있죠. 안정적 직종으로 부러움을 샀던 약사조차도 두려워하고 있는 게 4차 산업혁명입니다. 생각보다 많은 직업이 역사 속으로 사라질 것입니다.

이미 중국에서는 AI 앵커가 뉴스를 진행해 화제가 된 바 있으며, 거리에 즐비한 패스트푸드점들은 기계식 주문 방식을 도입해 직원들의 일손을 줄이고 있습니다. 유수의 자동차 업체들은 자율 주행 상용화에 박차를 가하고 있습니다. 자율 주행의 완성은 운전기사라는 직업의 종말과 동의어입니다.

직업이 사라진다는 말은 '내가 일할 수 있는 기간이 줄어들고 있다'는 심각한 징조입니다. 3차 산업혁명 시대까지 최소 30년을 일할 수 있었다고 가정한다면, 인공지능이 똑똑해질수록 그 기간이 점차 줄어드는 것입니다. 가뜩이나 취업도 어려운 현실에서 일할 수 있는 기간마저 줄어든다면 많은 사회 문제가 발생하게 될 것입니다.

지금 젊은 세대는 많은 위험 요소를 떠안고 살아가고 있습니다. 돌파하기 어려운 취업의 문, 극단적으로 치솟은 집값, 의학 인프라의 발전으로 인한 긴 수명……. 닥친 문제를 해결하기 위해 쓸 자본을 최대한 빠르게 마련해야 합니다. 짧아질 노동시간에 대처하기 위해 효과적인 재테크 수단을 마련하는 것은 필수적입니다. 큰 상승 없는 월급에는 한계가 있습니다. 이 한계를 극복하기 위해서는 본인만의 재테크 계획을 빠르게 수립해야 합니다. 내가 가진 자본을 효율적으로 관리해 목돈을 만들고, 적은 금액이라도 불려나가면서 부를 창출해내야 부족해진 노동 기간을 대체하며 행복한 미래를 그려나갈 수 있습니다.

고령화와 낮은 출산율

　　인구는 경제를 움직이는 매우 중요한 요소 중 하나입니다. 한 국가의 성장 잠재력과 경쟁력, 세금 등 다양한 요소에 영향을 미치는 것이 바로 인구이기 때문입니다. 우리나라는 놀랄 만큼 빠른 고령화가 진행되고 있지만, 인구문제에 관심을 갖는 이는 많지 않습니다. 중요한 요소인 만큼 이에 대해 우리가 관심을 가져야 하는 이유를 자세히 살펴보겠습니다.

　첫째, 100세 시대입니다. 저희 할아버지께서는 1919년, 3·1 운동이 일어났던 해에 태어나셨습니다. 그리고 2018년, 만 100세를 살고 떠나셨습니다. 장수하신 할아버지 덕에 저는 100세 시대라는 용어를 거부감 없이 받아들였습니다.

　100세라는 단어는 많은 걸 시사합니다. 대표적인 것은 노후 준비입니다. 과거에는 은퇴와 죽음 사이의 기간이 길지 않았습니다. 하지만 지금은 다릅니다. 은퇴를 아무리 늦게 하더라도 생을 마감하기까지 꽤나 긴 시간을 살아가야 합니다. 나이와 상관없이 생활하는 데에는 최소한의 비용이 요구됩니다. 여가를 즐기지 않더라도 의식주를 해결해야 합니다. 자식 농사만 잘 지으면 된다는 건 옛말입니다. 모든 걸 자녀에게 쏟아 부은 베이비부머세대가 맞닥뜨린 현실은 '빈곤'입니다. 경제협력개발기구(OECD)에서 2016년 발간한 보고서에 따르면,

우리나라 노인 빈곤율은 46.5%로 OECD 가입국 중 가장 높은 것으로 나타났습니다. 최근 10년간 계속 증가하고 있고, 앞으로도 이 수치는 커질 전망입니다.

2017년 국가별 노인 빈곤율을 보여주는 다음 그래프에서는 노인 빈곤율이 1년 전보다 무려 3.1% 증가했음을 확인할 수 있습니다. 이처럼 무서울 만큼 빠른 속도로 노년층의 빈곤이 심화되고 있습니다. 부실한 관리와 구조적 문제, 출산율 저하로 국민연금에는 큰 기대를 하기 어려워 보입니다. 따라서 노인 빈곤에 대비해서 개인이 준비를 철저히 하거나 재테크를 통해 은퇴 이후에도 안정적인 수입

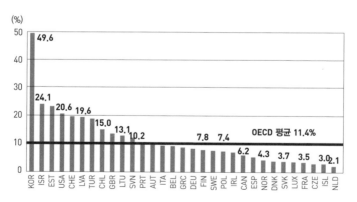

OECD 국가별 노인 빈곤율 현황 (66세 이상, 2017)

을 창출해야 하는 상황입니다.

하지만 빡빡한 현실에서 국민연금 외의 노후 준비를 하는 것은 상당히 어렵습니다. 학자금 대출, 주택 마련을 위한 대출, 큰 변동 없는 월급 등 현실적인 이유들은 노후를 위한 돈을 모을 여유를 잃게 만듭니다. 경제활동을 시작하면서부터 국민연금과 함께 개인연금을 준비하는 것이 이상적이지만, 당장에 쓸 돈도 변변치 않은 사회초년생에게 그런 여유가 있을까요? 그렇기 때문에 재테크를 통해 월급 이외의 수입을 축적하는 법을 배워야 합니다. '100세 시대'는 이러한 노후 문제를 예상하고 미리 준비하라고 우리에게 외치고 있습니다.

둘째, 기대 이상으로 발전해온 의학 기술은 아이러니하게도 인구 문제를 일으키는 한 축이 되고 있습니다. 아프지 않고 건강하게 오래 사는 것은 좋지만 이에 대한 반작용으로 많은 사회적 비용이 발생하고 있습니다. 의학기술이 발전함에 따라 많은 질병이 극복 가능해졌습니다. 돈만 있다면 치료하지 못할 병이 없다고 할 수 있을 정도입니다. 그만큼 인간의 기대 수명은 날로 늘어가고 있습니다. 하지만 이는 마냥 달가운 소식만은 아닙니다.

우리의 기대 수명이 늘었다는 게 건강하게 오래 산다는 의미는 아닙니다. 100세 혹은 그 이상을 살아가면서 분명 크고 작은 질병에 노출될 수밖에 없습니다. 개인이 부담해야 하는 비용, 가족이 짊어져야 하는 무게 등 당장 보이지는 않지만 마주하게 될 문제들이 산재합니다. 국가에서 운영하는 건강보험이 있지만 국민연금과 마찬가지로 재정적으로 빨간불이 들어온 상태입니다. 매년 보험료를 인상하고 대응책을 마련하고는 있지만 늘어나는 노인 인구 전부를 완전히 포용하기는 어려운 실정입니다. 예측하기 어려운 의료비가 더해지면서 노후를 위해 준비해야 하는 비용도 당연히 커지겠죠.

셋째, 출산율 저하 역시 우리 노년의 큰 장애 요인입니다. 다양한 이유가 있겠지만 최근 우리나라 출산율은 전 세계가 우려를 표할 만큼 큰 폭으로 떨어지고 있습니다. 제 주변에 결혼한 친구들 중에서도 자녀가 둘 이상인 부부는 거의 없습니다. 누구나 쉽게 체감할 수 있을 만큼 출산율은 급격히 낮아졌습니다. 서울에서 유치원, 초등학교 등 교육기관이 사라지고 있다는 뉴스가 나올 정도로 심각한 수준입니다. 출산율 저하로 인해 지금의 청년들과 미래의 경제활동인구(노동 등으로 수익을 창출하고, 그중 일부를 세금으로 납부하는 사회구성원)들은 '실 수령액 감소'라는 큰 부담을 안게 되었습니다.

출산율은 세금에 큰 영향을 미칩니다. 쉽게 숫자로 설명해 보겠습니다. 2020년 대한민국은 국민 100명이 힘을 합쳐 100원이라는 세금을 내야 운영이 됩니다. 그래서 100명의 근로자는 각자 1원씩 세금을 내고 있습니다. 출산율이 저하되면서

2030년 근로자수는 50명으로 줄었습니다. 하지만 나라는 여전히 100원이라는 세수가 필요합니다. 그로 인해 근로자는 10년 전보다 2배 많은 2원을 내야만 합니다.

단적으로 설명했지만 이는 현재를 살아가고 있는 우리와 머지않은 미래 세대가 감당해야 하는 문제입니다. 건강보험료를 비롯해 매년 근로자가 의무적으로 내는 세금은 알게 모르게 늘어나고 있습니다. 월급 인상률이 이에 따라주면 좋겠지만, 전 세계 경제가 어렵다보니 이마저도 기대하기 어렵습니다. 매년 비슷한 월급을 받고 있음에도 내는 세금이 늘어난다는 건 그만큼 실제 수령하는 월급이 줄어들고, 급여를 활용할 수 있는 실질적 여유도 줄어든다는 것을 뜻합니다. 당연히 미래보다 현재에 투입하는 비중이 커지겠죠. 보이지 않는 미래를 대비할 여력은 점점 더 사라지는 셈입니다.

이 외에도 인구 문제는 다양한 방식으로 우리를 옥죄고 있습니다. 지금 이 순간 피부에 와닿지 않아 무관심할 뿐이죠. 하지만 외면하기에는 그 무게가 큽니다. 닥쳐올 위기에 대응하기 위해서라도 재테크는 필수입니다.

헬조선과 욜로족, 그리고 파이어족

　　'헬조선'은 우리 사회를 대표하는 단어가 됐습니다. 선진국 반열에 올라섰다고는 하나 개개인은 경제적으로 여유가 없을 뿐 아니라 무거운 현실을 버텨내기도 버겁습니다. 이 시대가 살기 힘들다는 걸 부정할 사람은 많지 않을 겁니다. 헬조선이라는 말을 당연히 받아들일 만큼 많은 문제가 매일 매순간 우리를 괴롭히고 있습니다.

　　우리나라가 헬조선으로 전락한 가장 큰 원인은 취업난입니다. 뼈를 깎는 심정으로 노력해도 취업의 문턱을 넘기가 어렵고, 취업에 성공해도 본인이 생각한 환경이 아니거나 대우가 적절치 않다면 다시 취업준비생으로 돌아가고야 마는 게 청년들의 현실입니다.

　　누군가는 젊은이들의 끈기와 노력 부족을 문제 삼지만 마냥 이들만 탓하기는 어렵습니다. 매출을 올리기 위해 시장의 흐름을 파악하는 것처럼 기업은 새로운 구성원을 수용하기 위해 조직 문화를 진화시켜야 하지만, 변화는 지지부진합니다. 고전적인 체계가 젊은 피를 내치는 현실도 부정할 수 없습니다.

　　이유가 어찌 됐든 원하는 시기에 직장을 잡지 못해 금전적으로 어려움을 겪는 청년들의 마음은 메말라버릴 수밖에 없습니다. 내적 여유가 없기 때문에 주변을 이해하거나 배려하기도 어려워지며, 이로 인해 다양한 갈등도 발생하고 있습니다. 과거에 비해 강도 높아진 남녀 사이의 갈등 역시 여유의 결핍에서 이유를 찾을 수도 있을 것입니다. 세상은 남자와 여자로 구성돼 있는데 이들이 서로 반목한다면 살기 좋은 세상이 될 수 없겠죠.

황금만능주의가 만연하면서 빚어진 '갑질' 역시 헬조선이라는 이미지를 강화시키는 대표적인 요소입니다. 권력이든, 재력이든 남들보다 조금 더 가졌다는 이유만으로 몇몇 사람들은 그렇지 않은 이들을 멸시하고 짓밟고 있습니다. 기자 시절에도 몇몇 사례를 취재한 적이 있습니다. 갑질을 당한 사람의 자존감은 극도로 낮아집니다. 특히나 경제 활동 과정에서 갑질을 당한 사람이 다시 자본주의 체제 속으로 뛰어든다는 건 매우 어려운 일입니다.

자연스레 이런 고통스러운 상황을 벗어나기 위한 움직임이 생겼습니다. 주로 젊은이들 사이에서 '욜로(You Only Live Once, 한 번 사는 인생이라는 생각에 기초를 두고 미래보다 현실에 집중하는 행동 양상)'라는 풍토가 만연해졌습니다. 진정한 의미의 욜로는 '지속가능한 현실 즐기기'일 것입니다. 원하는 바를 매 순간 해나가기 위해 즐기면서도 이를 감당하기 위한 역량 개발 역시 병행해야만 합니다.

그렇지만 오로지 소비와 쾌락에만 집중하는 행태를 욜로로 인지하는 이들을 보면 안타깝습니다. 옳지 않은 욜로에 취한 이들이 많아지면서 과도한 소비와 한탕주의를 야기하고 있습니다. 일부는 본인이 버는 돈 이상으로 지출하기도 합니다. 재테크의 가장 큰 적이라 해도 과언이 아닐 만큼 욜로라는 단어는 젊은이들이 수중에 있는 돈을 너무 쉽게 써버리도록 당위성을 제공하고 있습니다. '욜로 따라가다 골로 간다'는 말이 나올 만큼 몇몇은 현재에 과하게 치중하고 있으며, 더 나아가 소비를 경쟁적으로 일삼고 있습니다. 일자리가 사라지는 4차 산업혁명 시대나 인구문제에 대한 설명은 무분별한 욜로족에게 경종을 울리기 위함입니다. 현재도 물론 중요하지만 그렇다고 좌시하기에는 우리가 마주하게 될 미래의 시련이 너무 큽니다.

욜로족과 다르게 경제적인 자립을 꿈꾸며, 빠르게 은퇴하고자 재테크에 관심을 두는 파이어(Financial Independence, Retire Early)족도 등장했습니다. 파이어족은 불분명한 미래를 고려해 직장(급여소득)에서 독립하기를 희망하는 이들입니다. 이들이 소비를 최소화하며 재테크에 열중하는 이유는 급여소득의 태생적 한계(수동적인 삶과 능력에 비례하지 않는 수입)를 극복하고, 보다 안정적이고 풍요로운 미래를 쟁취하기 위해서입니다. 어떠한 계기가 이들을 움직였는지 알 수 없지만, 이들의 마음가짐이 우리가 지향해야 하는 방향입니다.

월급의 안정감에 취해 고민 없이 소비하는 습관은 우리를 도태시킵니다. 톱니바퀴 속의 삶, 남들과 같음에서 벗어나 각자의 자아를 온전히 마주해야 합니다. 가슴 속 깊숙이 간직해 왔던 꿈을 펼치려는 의지는 재테크에 있어서도 큰 자극제가 됩니다.

나도 모르게 지갑이 열린다

　　IT 강국 대한민국은 언제 어디에서나 초고속 인터넷을 사용할 수 있는 몇 안 되는 나라입니다. IT 기술이 발전함에 따라 생활 전반의 편의가 향상됐지만 돈을 모으는 데에는 악재로 작용하기도 합니다.

　　광고학에서 주요하게 다루는 요소 중 하나는 '노출'입니다. 기술의 발전으로 인해 우리는 의도와 상관없이 다양한 노출 속에서 살고 있습니다. 대부분의 사람들은 이러한 노출을 적절히 여과하지 못하고 과도한 지출을 하고 있으며, 소비는 통제 불능의 상태에 있습니다.

지금부터 특히 젊은 세대에게 큰 영향을 미치고 있는 IT 환경의 문제점을 짚어보겠습니다. 기술의 발전으로 대중은 자는 시간을 제외한 모든 시간 무언가에 노출되고 있습니다. 이 노출의 부정적 영향을 받지 않는 것은 최첨단 사회를 살아가는 우리들이 견지해야 하는 기본적인 태도입니다.

남 따라 높아진 행복의 기준

행복한 삶이란 뭘까요? 제가 생각하는 행복한 삶은 '내가 하고자 하는 일을 최대한 많이 해내고 떠나는 것'입니다. 제 가치관이나 취향에 맞는 일들을 할 때가 행복하니 그것들을 많이 하면 할수록 눈 감는 그날 '내 삶은 행복했다'고 정의할 수 있을 것 같습니다.

하지만 과도한 노출 속에 사는 우리의 모습을 보면 자신만의 행복을 찾기보다는 더 높은 수준을 요구하는 강제된 행복에 스트레스를 많이 받습니다. '누가 뭔가를 하면 나도 해야 한다', '쟤가 이걸 해 즐거워 보이니 나도 해야겠다', '나도 이걸 갖고 있어야 어울릴 수 있다' 등 무의식적으로 받아들이는 정보가 많아지다 보면 자연스럽게 이런 생각을 하게 됩니다.

현재 자신의 경제 수준에 적합한 소비를 한다면 문제될 일이 없지만, 조금이라도 과욕을 부리면 현실적인 압박이 찾아오게 됩니다. 어떤 소비를 하면 행복할 것이라 생각하지만 결국에 그 행동이 상향된 행복과의 괴리감만 불러일으킵니다.

내가 정한 행복이 아닌 사회나 환경의 노출을 통해 주입된 행복의 기준은 한 개인을 옭아매고 개인이 처한 현실과는 거리가 먼 행복을 강제합니다.

과거에 비해 해외여행을 하거나 다양한 취미를 즐기는 TV 프로그램이 많아졌습니다. 또한 일부 유명인들의 화려한 삶을 소개하는 경로도 많습니다. 온라인에서는 나보다 풍족한 삶을 사는 타인들의 '특별한 일상'이 자주 노출됩니다. 대리만족이라는 측면에서는 더할 나위 없이 좋지만, 반드시 나도 해야만 하는 일들은 아닙니다. 누군가가 하면 나도 무조건 해야 한다는 법은 없습니다. 그저 내가 진정으로 하고 싶었던 일을 하는 게 행복입니다.

강제적으로 상향된 행복의 압박에서 자유로워지세요. 내가 아닌 누군가가 했던 경험이 그에게 얼마나 즐거웠을까를 유추하기보다 지금의 나 혹은 내일의 내가 무엇을 할 때 조금 더 행복할지를 떠올려보세요. 이것이 노출의 오류에서 벗어나는 첫걸음입니다.

현재 세대에게는 과거 세대보다 확연하게 많은 소비가 요구됩니다. 점심시간을 살펴볼까요? 밥을 먹고 나면 커피는 이제 '필수'입니다. 커피까지 마셔야 알차게 점심시간을 보냈다는 인식은 자연스러운 하나의 패턴이 됐습니다. 직장인이 데이트를 할 때는 대중교통을 이용하는 것보다 자가용을 타고 다녀야 제대로 된 데이트였다고 이야기하곤 합니다. 결혼을 할 때에는 집이 필수죠. 휴가철이 되면 국내보다 해외여행을 갔다 와야 더욱 가치 있게 휴가를 즐겼다고 느끼는 사람이 많아졌고, 명품이라 불리는 고급 브랜드 상품은 누구나 하나씩 가지고 있어야만 하는 필수품이 됐습니다. 팬덤 문화만 보더라도 '굿즈'가 생기면서 더욱 많은 소비를 요구하고 있습니다. 과거에는 플래카드와 풍선 정도로 자신만의 스타를 응원했다면 지금은 저절로 색이 바뀌는 응원봉을 비롯해 다양한 굿즈를 구매해야 현장에서 응원할 수 있는 것처럼 분위기가 바뀌었습니다.

소비가 결코 나쁜 것도 아니고 자유의지로 행하는 삶의 일환이지만 현실에서는 과도하게 요구되는 양상이 분명히 존재합니다. 과거 세대와는 사뭇 다른 여러 요구들은 현재를 살아가는 이들에게 강박관념을 심어주기도 합니다. 이런 강박관념 때문에 저축이나 재테크에 투입해야 할 자산이 소비로 이어지는 경우도 심심치 않게 보게 됩니다. 남녀 구분 없이 젊은 친구들을 상담할 때 특히 이러한 경우가 많습니다. 이런 사람들을 볼 때마다 안타까움을 금치 못합니다. 아무리 조언을 하더라도 스스로 이 요구들에서 해방되지 않는다면 아무런 변화도 일어나지 않으니까요.

심리학에서 유명한 매슬로우의 5단계 욕구(생존→안전→소속감→인정→자아실현) 중 3단계부터는 본격적으로 지출이 필요한 단계일 겁니다. 강박관념을 이겨내지 못하는 이들 중 상당수가 과도한 요구를 수용하지 못하면 소속감을 얻지 못한다고 생각하는 것처럼 보입니다. 또래 집단 혹은 직장 내에서 이러한 요구들을 수용하지 않는다면 소속감을 얻거나 그 이상의 인정을 받기 어렵다고 느끼기 때문에 실제로 누가 시키지도 않은 요구들을 당연히 받아들이고 있는 것이죠.

어느 선까지는 이해하나 모든 불합리한 소비적 요구를 수용할 필요는 없습니다. 남들을 따라 소비하지 않는다고 '나'라는 소중한 존재가 뒤쳐지거나 평가절하되는 건 아닙니다. 상향된 행복의 기준과 마찬가지로 암묵적인 요구들에서도 해방돼야 합니다. 최우선적으로 신경써야 할 부분은 타인이나 환경이 주입하는 요구가 아닌 우리 자아가 진정으로 바라는 그것입니다.

'난 아니겠지'라는 위험한 생각

언제 어디서나 '난 아니겠지'라는 안일한 생각은 가장 위험합니다. 어떤 부적절한 상황을 보더라도 난 절대 그러지 않을 것이라는 전제는 옳지 않습니다. 다행히 우리의 내면이 그러한 상황이 발생하지 않도록 버텨주고 있을 뿐입니다.

우리는 수많은 노출 속에서 살아가고 있습니다. 도처에 있는 각양각색의 광고들이 추구하는 본질은 우리의 지갑을 여는 일입니다. 인터넷 서핑을 하거나, 텔레비전을 켤 때, 도심을 활보하고 있을 때 등 모든 상황에서 무심결에 수많은 광고들과 마주하고 있습니다.

광고에 투입되는 비용은 천문학적인 수준입니다. 광고는 우리가 무의식중에 접하고 넘어가니 사소해 보이지만, 기업이 각종 채널에 입점하기 위해 지불하는 금액은 엄청납니다. 비용이 크지만 많은 기업은 광고를 활용합니다. 기업은 생산하고 있는 상품을 광고하여 소비자들이 구매하게 하고 이를 통해 수익을 창출하고 있습니다.

제가 언론학을 공부할 때나 기자로 일할 당시에만 해도 이렇게 큰 비용을 투자하는 만큼 효과가 있는가 하는 의문이 있었습니다. 특히 프로 스포츠 선수들의 유니폼에 삽입된 브랜드 로고처럼 삽시간에 사라지는 방식들은 더욱 의미가 없어보였습니다. 하지만 금융업에 종사하면서, 강의를 하면서, 재테크 상담을 하면서 확실히 느꼈습니다. 우리는 각자의 생각보다 과한 소비를 하고 있으며, 꾸준히 광고의 속삭임에 넘어가고 있습니다. 자본가들은 바보가 아닙니다. 결코 허투루 돈을 쓰지 않습니다. 그들이 광고에 쓰는 돈 역시 충분한 값어치가 있기에 광고는 지금껏 인류의 역사와 함께 하고 있습니다.

기업은 철저한 분석 과정을 거쳐 광고를 만들어냅니다. 매체 기술이 발전함에 따라 소비로 유혹하는 방식이 다양해졌고, 우리가 여기에 노출되는 빈도 역시 급증했습니다. 텔레비전만 해도 기존에 없던 '중간 광고'가 등장했고, 온라인에서 동영상을 시청하기 위해서는 의무적으로 광고를 마주해야만 합니다. 지인들과의 소통을 목적으로 가입한 SNS에도 중간중간 광고가 끼어들고, 주변 지인들조차 특정 상품이나 서비스를 홍보합니다.

이렇게 쌓이는 광고는 알게 모르게 우리에게 영향을 미치고 있습니다. 우리의 지갑이 가벼워지고 있다는 게 이에 대한 증거입니다. 광고를 보고 덜컥 소비하는 사람을 우둔하다고 지적하지만, 우리 역시 그들과 다르지 않습니다. 자본가들이 투자하는 이유에 우리는 알게 모르게 반응하고 있는 겁니다. '나는 아니다'라는 착각에서 벗어나야 합니다.

소비를 부추기는 SNS

본격적으로 매체별 노출에 대해 이야기해보도록 하겠습니다. 가장 먼저 언급할 IT 산물은 SNS(Social Network Service)입니다. SNS는 21세기를 살아가는 이들의 사회화 과정에서 필수 요소처럼 여겨지는 것 중 하나입니다. 저 역시 여유시간에 SNS를 봅니다. 지인들과 대화하는 데에 있어서 SNS를 이용하느냐 아니냐는 차이가 큽니다. 활용도가 떨어질수록 뒤처진다거나 지인들에게 관심이 없다는 인식을 줄 만큼 SNS는 현대사회 깊숙이 자리 잡았습니다.

하지만 SNS가 순기능만 가지고 있는 것은 아닙니다. 적어도 재테크에 있어서만큼은 부정적인 영향이 적지 않습니다. '쓴다…… 남 따라서 쓴다'라고 정의내린 것처럼 젊은 세대의 지출에 SNS는 막대한 영향을 끼치고 있습니다. 앞서 언급한 상대적 행복의 기준 역시 SNS로 인해 더 올라가고 있습니다.

물론 자신의 의지대로 소비한다고 주장할 수 있겠지만 잦은 노출은 생각보다 사람의 심리에 큰 영향을 끼칩니다. 매체가 등장하기 시작하면서부터 선전이나 광고가 함께 연구됐습니다. 수세기에 걸쳐 현재까지 다양한 광고가 우리 주변에 산재하는 것은 그만큼 노출이라는 방식이 개인의 소비에 큰 영향을 끼칠 수 있다는 방증입니다.

개인의 기록 공간 혹은 지인들과의 가벼운 소통을 목적으로 탄생한 SNS지만 세월이 흐르면서 상대와 자신의 상황을 비교하는 장이 됐습니다. 개인은 순수한 의도로 자신이 먹은 음식이나 여행지 등을 업로드하지만 이를 본 타인은 자신과 상대방을 무의식적으로 비교하고 자극을 받습니다. 누군가에 게 선물 받거나 자신이 구매한 물건을 기록한 게시물 역시 의도와 상관없이 상대방에게 영향을 미칩니다.

직접 보거나 전화 통화나 편지 등을 통해서만 알 수 있었던 지인들의 근황을 너무 쉽게 접하다보니 타인과 나의 삶의 질을 저울질하는 횟수도 비약적으로 증가하게 됐습니다.

유명한 연예인이나 부자의 일상이라면 심리적으로 영향을 적게 받을 겁니다. 현실적인 격차가 크다는 걸 혹은 그들은 우리와 다르다는 걸 받아들인 상태로 바라보게 될 테니까요. 하지만 나와 어릴 적부터 함께 했던 누군가가, 어제 만난 그 사람이 했던 소비는 상대적으로 괴리감이 적을 수밖에 없습니다. 이로 인해 계획에 없던 지출을 할 가능성도 증가할 수밖에 없습니다.

이는 노출이 갖고 있는 원초적인 힘이자 영향력입니다. 더군다나 대부분의 플랫폼이 그렇듯 SNS 역시 광고의 장으로써 활용됩니다. 최근에는 빅데이터 분석을 통해 각 개인에게 적합한 광고가 맞춤형으로 노출되기까지 합니다. '○○띠 30대에게만 주는 혜택'과 같은 문구를 보면 마치 자신에게만 해당되는 혜택인양 인식합니다. 지인의 게시물만으로도 생각지 않던 구매를 고민하게 됩니다. 기술이 발전할수록 광고 역시 고도화될 수밖에 없습니다. 과거보다 치밀하게 소비자의 욕구를 자극시킬 겁니다. 그리고 SNS와 같이 대중에게 친숙한 매체일수록 거기에 등장하는 광고들은 더욱 철두철미하게 우리를 유혹할 겁니다.

단군 이래 가장 돈 쓰기 좋은 시대

무제한 지출의 문이 열리다

휴대폰의 진화는 스마트폰을 탄생시켰고, 스마트폰은 애플리케이션(Application, 이하 앱)을 발전시켰습니다. 다양한 앱은 시공간의 제약 없는 소비를 가능하게 만들었습니다.

각종 앱이 등장하기 전까지만 해도 구매에는 일정한 제약이 있었습니다. 편의점을 비롯한 24시간 매장이 생기면서 시간적인 제약은 없어졌지만, 해당 매장으로 가야 구매가 가능했습니다. 일정 제약이 있어 구매에 이르기까지 생각할 시간이 생긴다면 한 번쯤 더 고민하고 지출하는 게 일반적입니다. 충동적으로 소비하는 걸 막아낼 수 있는 기회가 있는 겁니다.

하지만 이제는 스마트폰만 있다면 집에서 나가지 않고도 언제 어디서든 '거의 대부분의 상품'을 구매할 수 있습니다. 의식주를 위한 물품을 비롯해 여행 상품, 자동차, 각종 서비스 등 돈을 주고 구매하는 대부분의 것들이 터치 몇 번만으로 우리 손에 들어옵니다. 앱 기술도 큰 발전을 이뤄 '사용자가 상품을 구매하기 매우 편하게' 구성돼 있습니다. 지문이나 간단한 비밀번호 입력만으로 결제가 이뤄지는 간편 결제 서비스까지 등장해 순식간에 지출할 수 있는 환경이 조성됐습니다.

가뜩이나 다양한 구매 욕구를 자극시키는 환경에서 이러한 앱을 만난 소비자는 물 만난 물고기처럼 지출을 할 수 있게 됐습니다. 친절하게도 구매자의 요구에 맞춰 분야별로 구매 행위가 가능한 앱이 앱스토어에 구비돼 있습니다. 요리, 숙박, 여행 등 구매 빈도가 큰 상품별 단독 앱부터 다양한 상품을 한 번에 조회하고 선택할 수 있는 통합 구매 앱까지 '돈 쓰기 딱 좋은' 환경이 구축된 것입니다. 끊임없이 자극될 소비 욕구를 통제하지 않는다면 월급이 줄줄 새는 것을 막을 방법이 더 이상 없다 해도 과언이 아닙니다.

직접적인 소비 이외에도 앱 화면 내에서 간접적으로 소비를 유도하는 장치 또한 다양합니다. 대표적으로 남녀노소 많이 이용하는 게임 앱을 보면 얼마나 다양한 유혹이 있는지 알 수 있습니다. 대다수 앱에서는 단순히 게임을 즐기는 것이 아니라 게임에 유리한 요소들을 구매하도록 유도하는 광고창이 꾸준히 노출되고 있습니다. 실제로 구매로 이어지는 경우가 적다 하더라도 반복되는 노출 속에서 이용자는 흔들릴 수밖에 없습니다. 앱을 통해 발생하는 다양한 유형의 욕구를 통제하는 것, IT 강국에서 살아가는 이들에게 필요한 덕목입니다.

편리한 IT 강국의 이면

TV 역시 과소비를 불러일으키는 대표적인 매체입니다. 앞에서도 언급했지만 요즘은 대리만족을 목적으로 하는 프로그램들이 많아졌습니다. 예전에는 단순한 재미를 추구하는 프로그램들이 주였다면, 지금은 다양한 삶의 방식을 보여주는 프로그램이 많아졌습니다. 화려한 데이트 코스를 즐기는 가상 커플, 아이들이 매번 다양한 체험을 할 수 있도록 신경 쓰는 부모, 해외 경치 좋은 곳을 여행하는 친구들에 이르기까지 한 개인이 살아가면서 겪을 수 있는 다양한 상황에 연예인을 대입한 프로그램들이 우후죽순 등장했습니다. 이러한 프로그램들은 즐거움뿐만 아니라 상대적 박탈감이나 갈증을 느끼게 합니다.

다른 감정에 흔들리지 않고 오로지 재미에만 집중할 수 있다면 좋겠지만 내면의 욕구는 생각 이상으로 우리를 많이 자극합니다. 지금의 나는 하지 못했거나 할 수 없는 일들을 누군가가(특히 동경하던 인물이) 즐기는 모습을 본 뒤 똑같이 하고 싶다는 마음이 드는 건 인간의 당연한 심리 반응입니다. 이로 인해 계획에 없던 소비를 하게 되죠. 행복을 위해 소비한다고 합리화할 수도 있겠지만 소비가 잦아질수록 재테크 속도가 늦어지는 건 막을 수 없습니다.

예능 프로그램뿐만이 아닙니다. IPTV가 대중화되면서 과거에 비해 소비가 훨씬 수월해졌습니다. TV에 탑재된 기능만으로도 특정 상품을 곧바로 주문할 수 있습니다. 특히 홈쇼핑 채널은 더욱 노골적으로 소비 욕구를 자극합니다. 쇼호스트들의 화려한 언변과 편집 기술은 예정에 없던 상품을 구매하도록 유도하고 실제로 많은 이들이 '마감 임박'에 홀려 손쉽게 지갑을 엽니다.

IPTV 기능 중 하나인 VOD 기능 역시 가랑비에 옷 젖는 소비를 일으키는 요인 중 하나입니다. 물론 보고 싶었던 프로그램, 영화 등을 원하는 때에 다시 볼 수 있다는 편의성이 있지만 과거에는 없었던 지출 방식임에는 분명합니다. 이와 유사한 방식으로 IoT(Internet of Things, 가전제품을 비롯한 각종 사물에 인터넷을 연동시켜 다양한 서비스를 가능케 만든 사물인터넷)도 소비에 도움이 되는 기술로 발전하고 있습니다. 냉장고를 필두로 다양한 사물을 이용하는 데 있어 편리함을 제공함과 동시에 소비가 가능한 환경이 구축되고 있습니다. 앱과 같은 매개체를 통해 간편한 방식으로 각종 사물을 통제할 수 있을 뿐 아니라 파생되는 상품이나 소모품을 구매할 수 있습니다.

사용자의 편의를 위해 발명된 훌륭한 기술들이지만 이런 서비스가 단순 이용을 넘어 무분별한 '구매'까지 연결된다는 점은 유념해야 합니다. 현명한 소비를 위해서 매체가 제공하는 편의와 과소비 사이의 '선'을 유지해야 합니다.

미래의 나도 오늘의 나처럼 사랑하자

결국은 우리의 내면에서 끊임없이 분출되는 욕구를 제지해야 합니다. 재테크는 신기루처럼 사라질 순간의 행복을 미끼로 날 자극하는 욕구와의 끊임없는 싸움입니다.

젊은 친구들, 특히 다양한 것들을 포기하고 있는 'N포세대'는 하나같이 미래를 부정하는 성향을 보입니다. '힘들 게 뻔한 결혼은 하지 않겠다, 오늘 하루 버티기도 피곤한데 내 역량을 늘리는 데 시간을 투자하는 건 어불성설이다, 어떻게 될지도 모르는 미래보다 지금 현재를 즐기겠다'라며 눈앞의 유희에

몰입합니다.

물론 하루하루 살아가기 빡빡한 현실이라는 점에는 공감합니다. 그렇다고 예측할 수 없는 미래가 무조건 버티기 힘들고 고통스럽다면서 미래를 외면하는 것 역시 바람직하다고는 할 수 없습니다.

중요한 점은 미래의 '나' 역시 지금의 '나'만큼 소중한 존재라는 거죠. 현재의 욕구에만 충실한 삶을 살아가고 소비하는 사람들은 미래의 자신을 경시하고 있다고 볼 수 있습니다. 저도 긴 세월 살아본 사람은 아니지만 무수한 직·간접 경험을 통해서 확신하는 건 인생에는 생각보다 많은 우여곡절이 있다는 겁니다. 자신이나 가족 중에 누군가가 아플 수도 있고, 사고가 날 수도 있습니다. 그 사고가 내 자산에 심대한 영향을 줄 수도 있고요. 4차 산업혁명의 풍파에 이기지 못해, 혹은 갑작스러운 도산으로 인해 평생 다닐 것 같았던 직장을 한순간에 잃어버릴 수도 있습니다.

승승장구하다 한 순간에 모든 걸 잃어버리고 힘겹게 살아가는 사람들은 여러분이 생각하는 것 이상으로 많습니다. 여유가 없을 때 여유를 만들고자 노력하고, 조금이라도 여유가 있을 때 보다 넉넉한 환경을 조성하는 과정은 미래의 내가 지금의 나보다 훨씬 행복할 수 있는 바탕이 됩니다.

가혹한 얘기지만 아무리 뛰어난 능력이 있는 사람이어도

현실적인 역경이 찾아오면 버티기가 쉽지 않습니다. 그러나 어느 정도의 여유자금이 있다면 한 번쯤은 버텨낼 수 있습니다. 불편함이 없는 현재 상황에 취하지 마세요. 욕구와 타협해 느끼고 있는 소소한 행복에 중독되지 마세요. 현명하게 당장의 욕구를 제지하고 현재의 나와 마찬가지로 미래의 나 역시 사랑해야 합니다.

지금까지 재테크에 앞서 한 번쯤은 살펴볼 필요가 있는 우리 주변 환경에 대해 짚어봤습니다. 언급한 사안들은 재테크와 직접적으로 연관은 없지만 재테크의 핵심인 '소비 통제'에 직결된 내용들입니다. 내 주변에 대한 정확한 인식을 바탕으로 무의식중에 우리를 자극하는 욕구를 절제하는 데에 도움이 되길 바랍니다.

"돈은 시대 흐름을 민감하게 반영하며 성질을 바꿉니다.
돈은 살아 숨쉬며, 그 무엇보다 역동적입니다.
우리는 매순간 돈을 어떻게 활용할지 고민해야 합니다.
지금부터 나만의 재테크 시스템을 구축해봅시다."

· 2장 ·

재테크는
난생처음입니다만

독립을 위한 첫걸음

　　부모님들께는 서운한 이야기로 들릴 수도 있겠지만, 돈을 벌기 시작했다면 돈 관리는 본인이 직접하시기를 당부합니다. 대개 사회에 발을 디디면서 경제적인 독립을 준비합니다. 본인이 벌어들인 월급이 통장에 입금되는 걸 확인하고, 잔액을 파악해가며 소비를 합니다. 남는 돈으로 적금을 붓기도 하고, 다른 금융 상품에 투자하기도 합니다. 많은 직장인이 아무렇지 않게 하고 있는 일반적인 경제활동이지만 부모님께 월급을 맡기고 용돈을 받아 쓰는 사람들은 '온전한 의미의 경제활동'을 하고 있다고 할 수 없습니다. 자산의 흐름을 제대로 익힐 수 없기 때문입니다. 내가 버는 돈과 고정적으로 써야 하는 돈, 모을 수 있는 돈과 투자할 수 있는 돈을 머릿속에 항상 구분해 두어야 '자산 관리'가 가능해집니다. 물론 부모님께 월급 대부분을 맡긴다면 허투루 돈을 쓸 가능성이 줄어든다는 장점은 있지만 훗날을 생각해보면 결코 긍정적이지만은 않습니다.

용돈 50만 원만 운용하던 사람은 100만 원, 200만 원을 효율적으로 운용할 확률이 낮습니다. 1,000만 원 이상의 큰 액수를 효과적으로 투자할 확률은 더 낮아집니다. 자신이 직접 큰돈을 다룬 경험이 절대적으로 부족하기 때문입니다. 큰 금액을 다룬 경험이 부족하면 자신감보다는 두려움이 더 클 수밖에 없고, 투자를 할 때 주저하다 적절한 타이밍을 놓치게 됩니다. 100만 원의 월급을 받는 사람에게 그 금액은 자신이 컨트롤할 수 있는 자산이어야 합니다. 그중 일부만을 다루다보면 돈을 바라보는 인식이나 자산을 운용할 수 있는 그릇을 키울 기회가 없습니다.

신혼부부의 재테크를 살펴보면 돈을 다루는 그릇이 작음으로 인해 벌어지는 문제가 여실히 드러납니다. 결혼 전까지 직접 자신의 월급을 관리했어도 갑자기 가용 금액이 두 배가량 커지면 관리에 어려움이 생깁니다. 절대적인 숫자가 부풀었어도 고정비용을 제외하고 실질적으로 쓸 수 있는 예산의 비율은 거의 달라지지 않습니다. 하지만 절대적인 숫자가 커져 생기는 마음의 여유로 과소비를 하는 경우가 많으며, 적재적소에 자산을 배분하지 못하거나, 큰 금액에 대한 부담감 때문에 오히려 위축되기도 합니다.

돈을 다루는 법을 배우는 것뿐 아니라 경제 흐름을 익히기 위해서도 자신의 월급을 직접 관리하는 습관은 중요합니다. 1장에서 강조했듯이 돈이라는 존재는 사랑꾼입니다. 최신 트렌드에 맞춰 상대의 입맛에 맞춰야 합니다. 촌스러운 구시대적 표현으로는 상대방을 감동시키기 어렵습니다. 이런 측면에서도 부모님께 월급 관리를 맡기는 것을 지양해야 합니다.

스마트폰을 살 때 부모님께 자문을 구하나요? 그런 사람은 거의 없겠죠. 최신 기술을 부모님보다 자녀가 더 잘 이해하고 있기 때문입니다. 돈 역시 마찬가지로 흐름이라는 게 있습니다. 각종 기술만큼이나 급격하게 변화하는 재테크 환경은 젊은 사람이 더 기민하게 파악하고 대처할 수 있습니다.

물론 재테크에도 경험이 매우 중요하게 작용하기에 부모님께서 현명한 판단에 도움을 주실 수도 있지만, 평생 부모님께서 도와주실 수는 없습니다. 어느 시점부터는 오로지 본인의 판단으로 꾸려가야 하기에 가능한 한 이른 시기부터 스스로의 힘으로 자산을 운용하는 법을 익히는 것을 권합니다.

동시대를 살아가는 다른 민족을 통해서도 '일찍부터 돈을 관리하는 게 얼마나 중요한지'를 알 수 있습니다. 유대인은 대표적인 부자 민족입니다. 시중에는 유대인의 자녀 경제 교육과 관련된 서적이 많습니다. 그 이유는 전 세계 부의 상당수를 유대인이 거머쥐고 있기 때문입니다. 페이스북 CEO 마크 주커버그, 마이크로소프트 창업자 빌 게이츠, 투자의 귀재 워런 버핏 등 실물 경제를 이끌어가고 있는 이들 중에는 유대인이 눈에 띄게 많습니다.

유대인들이 이렇게 세계를 주름잡고 있는 이유는 어릴 때부터 스스로 돈을 다루는 법을 배우기 때문입니다. 유대인은 인지능력이 형성될 때부터 저축이라는 개념을 익히고, 초등학생이 되면 투자를 시작합니다. 그들은 '경제 조기교육'을 받으며 성장했기 때문에 그렇지 않은 우리나라 사람들보다 돈의 속성을 훨씬 잘 이해하고 있으며, 투자와 사업에서 두각을 나타냅니다. 이러한 경험은 성공적인 재테크에 있어 중요한 자산입니다. 유대인보다 출발은 늦었을지라도 첫 월급을 받은 순간부터 온전한 경험을 하기 시작한다면 재테크에 성공할 수 있습니다.

목돈을 모으기 위해서는 소비의 통제가 반드시 필요합니다. 재테크를 언급할 때 항상 목돈을 강조하는 이유는 '확실하고 효율적인 수익'을 얻기 위함입니다. 예를 들어보겠습니다.

1,000원을 만들기 위해 100원을 투자금으로 마련한 사람은 무려 1000%에 달하는 수익을 내야 합니다. 1000%는 달성하기 상당히 어려운 수치입니다. 수익률에 목적을 두고 100원이라는 한정된 돈으로 투자를 하게 되면 욕심을 부리게 되고 투자에 실패할 확률이 높아집니다. 이와 반대로 500원으로 재테크를 하는 사람은 200%의 수익만을 내면 되니 상대적으로 부담이 덜합니다. 욕심을 부리거나 무리할 확률이 앞선 사람에 비해 훨씬 줄어듭니다. 당연히 안정적으로 수익을 올려갈 가능성이 높아지죠.

내가 운용하는 금액이 커지면 커질수록 적은 수익률만으로도 짭짤한 재미를 볼 수 있습니다. 재미를 느끼는 순간 더욱 재테크에 흥미를 느끼게 되고, 더 연구하게 되며, 스스로 심화 학습을 하게 됩니다. 이렇게 축적되는 경험은 재테크의 선순환을 형성합니다.

실질적으로 1,000만~2,000만 원의 목돈만 잘 활용해도 매월 중소기업 신입사원 월급 수준의 수익을 내는 것이 충분히 가능합니다. 물론 목돈 모으기는 편리한 환경에 취해 맹목적으로 지출을 해왔던 우리에게 상당히 불편하고 답답한 과정입니다. 순간적인 욕구를 만족시키며 느꼈던 1차원적인 행복과 거리를 둬야 하기 때문입니다.

하지만 이러한 껄끄러움을 이겨내며 규모가 큰 자본을 재테크에 활용하는 상황을 마주한다면 그동안의 노력은 충분히 보상받으리라 확신합니다. 고정적으로 받던 급여에 준하는 돈이 매월 꾸준히 생기면 생각지도 못한 여유가 찾아옵니다.

이러한 이상을 실현하기 위해서라도 빠르게 투자를 위한 목돈을 꾸려야 합니다. 아직 재테크에 입문조차하지 못한 이들에게 소비를 적절히 조절하는 것 외의 방법은 없습니다. 월급이 인상되고 재테크에 어느 정도 눈을 뜬 뒤에도 소비를 이성적으로 하는 건 매우 중요한 덕목입니다.

남들보다 덜 쓰고, 합리적으로 소비하는 것만으로도 훨씬 빠르게 부를 축적할 수 있습니다. 같은 월급을 받더라도 모이는 속도가 천지차이인 것은 소비를 효율적으로 하느냐에 달려 있습니다. 필요한 비용만 쓰고, 여윳돈을 최대한 모으고, 모은 돈을 꾸준히 굴리는 게 여유로운 삶을 위한 지름길입니다.

고정비용과 소비 패턴 파악하기

소비를 통제하기 위한 선행 과제는 내가 처한 상황을 명확하게 인식하는 것입니다. 다른 말로 꼭 써야 하는 '고정비용'을 정확하게 측정하는 겁니다. 소비를 무조건적으로 절제하는 건 요즘 세대에게는 거의 불가능에 가까운 일입니다. 그렇기에 스스로가 최소한의 가이드라인을 정하고, 그 안에서 효율적으로 사용하는 습관을 길러야 합니다.

같은 직장에 다니는 동갑내기 사원이라도 고정적으로 지출해야 하는 비용은 저마다 다릅니다. 부모님과 함께 거주하며 출퇴근하는 사람과 타지생활을 하는 사람 사이에는 월세라는 큰 차이가 존재하기 때문에 여윳돈이 확연히 다릅니다. 이외에도 가계 내적인 상황이나 학자금 대출 등으로 인해 추가로 고정비용이 발생하기도 합니다. 이러한 조건에 속하지 않은 사람은 목돈을 훨씬 빨리 조성할 수 있을 것입니다. 다양한 이유로 빡빡하게 생활하는 직장인들이 많습니다. 하지만 좌절하지 마세요. 조금만 노력해 안정적으로 재테크할 환경을 조성한다면 충분히 상황을 역전할 수 있습니다.

소비를 적절히 통제하기 위해서는 우선 생활에 필수적으로 소모되는 월세, 식비, 교통비, 각종 공과금 등의 항목을 가능한 정확히 집계해야 합니다. 이 비용들은 특별한 이유가 아닌 이상 큰 폭의 변동이 없습니다. '순수한 의미의 고정비용'이기 때문에 노력을 들여 통제해야 할 소요도 거의 없습니다.

그 다음으로는 순수한 고정비용을 제외한 소비 패턴을 파악합니다. 일과 외 시간에 먹는 식사비, 친구들과 놀면서 쓰는 돈, 나를 가꾸기 위해 구매하는 의류나 미용서비스, 개인의 능력 향상을 위해 투입하는 교육비, 취미를 즐기기 위한 여가 비용 등 실질적으로 이뤄지는 소비액을 확인합니다. 우리는 '변동성이 있는 고정비용'과 끊임없이 줄다리기를 해야 합니다.

분명 이중에는 생각 이상으로 쓰이는 금액들이 있고, 약간의 이성적 작용을 통해 줄일 수 있는 부분이 있습니다. 매 소비 때마다 조금씩의 차이를 만들어낼 수 있다면 눈에 띄게 큰 여유자금이 발생합니다. 심혈을 기울여서 스스로가 냉정한 '선'을 그어야 합니다. 나 자신에게 얼마만큼 배려하고 자본을 배정하느냐에 따라 저축·재테크에 활용할 수 있는 잉여금의 양이 달라집니다.

이 과정이 지출 통제, 더 나아가 목돈 만들기의 전부입니다. 관대하게 바라보지 마세요. 냉정하게 상황을 판단하고, 철저한 잣대로 내면에 잠재된 욕구와 대화하세요. 욕구에 너무 많은 걸 양보하면 매월 마이너스인 상황이 연출됩니다. 여기에서 더 악화되면 그나마 운용하고 있던 저축·투자 시스템까지 건드리게 됩니다. 어떤 재테크 방식이든 계획된 수익률이나 기간을 지키지 않으면 손해 볼 확률이 높습니다. 그만큼 의지대로 소비를 조절하는 건 성공적인 재테크를 하는 데 있어서 중요한 덕목입니다.

이렇게 파악한 소비 패턴을 기반으로 유동적인 소비액을 컨트롤 가능하도록 '고정'시킵니다. 정해진 금액 내에서만 소비를 하는 습관을 기르는 데 성공하게 된다면, 비로소 체계적으로 목돈을 모으고 그 돈을 불릴 수 있는 환경이 조성됩니다. 제가 이상적으로 보는 수준은 순수 고정비용을 제외한 급여 중 저축 비율을 50% 이상으로 두는 것입니다.

소비를 조절할 수 있는 능력이 구비되지 않은 상태에서 재테크에 임하는 것만큼 비효율적인 것은 없습니다. 명심하세요. 내 욕구와 적절한 타협을 하면서 지출의 선을 넘지 않는 것이 재테크의 시작이자 끝입니다.

1,000만 원의 기적

금융업에 입문했던 시절 제게 많은 영감을 주신 선생님이 있습니다. 그분 강의 중 기억에 남는 말씀 중 하나가 '억(億)'의 어원에 대한 것입니다. 우리에게는 큰 금액으로 느껴지는 억의 한자를 자세히 살펴보면 '사람'과 '뜻'이 합쳐져 있다는 걸 알 수 있습니다. 억의 의미가 바로 사람의 뜻을 이뤄주는 단위의 금액이라는 거죠.

한자의 뜻을 모르더라도 우리는 어렴풋이 알고 있습니다. 1억만 있다면 뭐든지 할 수 있다는 걸요. 실제 1억이라는 자본은 창업을 하기에도, 투자를 하기에도 든든한 금액이 맞습니다. 그리고 우리는 충분히 그 돈을 만들어낼 수 있는 능력이 있습니다.

산술적으로 연봉 3,000만 원인 직장인이 10년간 일하면 3억 원을 수령하게 됩니다. 그중에서 고정비용과 세금 등을 뺀다 하더라도 1억 원 이상을 모을 수 있습니다. 하지만 현실은 그리 녹록지 않죠. 1억 원이라는 금액이 멀게만 느껴지는 이유는 그 전 단계까지 우리가 다가가지 못해서입니다. 1억은 닿을 수 없는, 거머쥘 수 없는 돈이라는 생각이 더 큽니다. 그렇지만 우리가 1,000만 원만 모은다면 곧장 1억 원이 그리 큰 돈이 아니라는 인식을 하게 됩니다. 거짓말처럼 말이죠. 1,000만 원을 쥐어보지 않은 우리에게 1억 원은 거대한 꿈처럼 느껴집니다.

1,000만 원이라는 자본금은 이를 단숨에 깨는 열쇠가 됩니다. '1,000만 원에서 0 하나를 붙이면' 혹은 '이 과정을 10번만 반복하면' 1억 원이라는 계산이 되기 때문입니다. 이것이 1,000만 원이 가져다주는 첫 번째 기적입니다. 내 계좌에 찍히는 1,000만 원은 꿈을 현실로 만들어주는 경험입니다.

연봉 3,000만 원의 직장인은 단 1년이면 충분히 1,000만 원을 모을 수 있습니다. 그렇지만 1,000만 원을 모으는 것도 쉬운 일은 아닙니다. 적금을 들어 만기에 되찾았을 때 1,000만 원을 넘겨서 수령하는 경험을 하기 어려우니까요. 절대적으로 불입하는 금액이 크지 않기 때문이기도 하지만 1,000만 원 미만의 금액에 대한 인식 자체가 그 이상을 바라볼 때와는 전혀 다르다는 게 더 큰 이유입니다.

보통 적금 만기가 도래한 젊은 친구들은 그날 축하 파티를 엽니다. 묶여 있던 돈이 한 번에 들어온 느낌이라 갑자기 풍족해져 평소보다 과소비를 하기도 합니다. 우연히 이와 같은 상황에 놓인 친구를 만난다면 우리는 그날 돈 한 푼 쓰지 않고 식사를 해결할 수 있을 겁니다. 1,000만 원 미만의 금액은 한 번에 들어왔을 때 '쓰고 싶다'는 생각이 강하게 작용합니다. 적은 금액이 절대로 아니지만 그렇다고 엄청 큰 금액이라는 생각도 들지 않거든요. 그렇기 때문에 그중 일부는 가볍게 소비하게 됩니다.

1,000만 원이 선물하는 두 번째 기적이 바로 이 관점의 변화입니다. 1,000만 원을 넘어서는 금액을 쥐게 되면 이를 쓰기보다는 더 불려보고 싶다는 생각이 함께 듭니다. '소비 역량'이 낮은 사람이나 재테크에 관심이 많은 사람이라면 그보다 적은 금액에도 이와 같은 생각을 하지만, 대개 1,000만 원 이상부터 큰 액수로 인식하는 경향이 있습니다. 그렇기 때문

에 여윳돈이 1,000만 원을 넘어서는 시점부터는 '쓴다'에서 '불린다'로 관점이 조금씩 이동하기 시작합니다. 긍정적으로 재테크를 시작할 수 있는 자극제가 여기에서부터 시작됩니다. 그리고 자산이 커질수록 불리려는 마음가짐은 더욱 강하게 작용합니다.

우리가 월급을 관리하면서 도달해야 하는 첫 이정표가 바로 이 1,000만 원 달성입니다. 1,000만 원은 가벼운 마음으로 소비할 수 없고, 그렇다고 무작정 투자를 해버릴 수도 없는 미묘한 금액입니다. 이 금액이 긍정적으로 영향을 미치면 큰 난관 없이 재테커의 길로 입문할 수 있습니다. 그리고 조금만 시간이 지난다면 소싯적 꿈에만 그리던 1억이라는 큰 금액을 아무렇지 않게 운용하고 있는 자신을 발견할 수 있습니다.

시스템의 수호천사 '비상자금'

비상자금은 몰래 숨겨놓은 돈이라는 의미의 비상금이 아닙니다. 매월 변동적이었던 소비 액수를 고정하기 위한 필연적인 장치로 인식해야 하는 것, 그것이 말 그대로 '비상'자금입니다.

인생은 우리 계획대로만 흘러가지 않고, 지출 역시 그때그 때 상황에 따라 달라질 수 있습니다. 예상치 못한 일이 많아질수록 지출을 고정시키는 건 힘들어지겠죠. 이럴 때를 대비해 최소한의 비상자금을 마련해두는 건 소화기 같은 최소한의 안전장치를 두는 것과 마찬가지입니다.

우리가 맞닥뜨리는 대표적인 예외 상황은 '경조사'입니다. 20대 후반이 되고나면 여기저기서 청첩장이 날아듭니다. 청첩장을 주는 사람은 내 계획에 따라 혹은 내 자금의 여유에 따라 결혼 날짜를 정하지 않습니다. 당연히 계획에 없던 지출을 해야 하죠. 그렇게 결혼식장을 다니다 세월이 흐르면 이번엔 장례식장에 가서 애도를 표해야 하는 일이 잦아집니다. 대인관계 유지를 위해 반드시 참석해야 하는 이 두 가지는 예고하지 않고 찾아옵니다.

경조사 외에도 갑작스럽게 계획에서 벗어난 지출을 해야 하는 상황들은 얼마든지 있습니다. 그렇기 때문에 안정적으로 여유자금을 확보하고 소비를 통제하기 위한 비상자금을 매월 일정금액씩 배정해두어야 합니다. 본인이 수령하는 급여에 대비해서 금액은 달라지겠지만, 최소한 5만 원에서 10만 원을 비상자금으로 따로 모아두면 예상외의 상황에 대처하기 수월해집니다.

최근에는 MMF나 CMA와 같이 일 단위로 이자를 지급하는 금융 상품을 비상자금 통장으로 운용하는 방식이 유행입니다.

일반 예금통장처럼 자유롭게 입출금할 수 있을 뿐 아니라 소소하게 돈이 불어나는 재미도 매일 느낄 수 있기 때문입니다. 비상자금 통장은 기본적으로 꼭 써야 하지만 불규칙한 지출에 대처하는 것을 목적으로 활용하며, 특정 월에 통제하지 못한 소비를 보완하는 데 쓰이기도 합니다. 이와 반대로 절제가 잘돼 고정 소비액 중에 남은 금액이 있다면 비상자금 통장에 넣을 수도 있을 것입니다.

사회초년생들에게 조언할 때, 저는 이 통장을 '1년 단위로 나에게 주는 선물'로 여기라고 합니다. 조금씩 모이는 비상자금도 1년이 지나면 커지기 때문에 연말 결산하듯이 1년간 고생한 스스로에게 이중 일부 금액을 마음 편히 쓰라고 합니다. 주변 사람들은 아무 거리낌 없이 소비를 하고 있는데 본인만 절제하고 사는 건 쉬운 일이 아니니까요. 일정 수준의 동기부여를 위해서라도 1년 단위로 비상자금 중 일부는 써도 무방합니다. 체계적으로 관리하지 않았다면 존재하지 않았을 돈일 테니까요. 휴가철을 기점으로 삼아 여행을 가는 것도 좋고, 그동안 가지 않았던 백화점에 가 사고 싶었던 것을 사는 것도 좋습니다. 만족스러운 보상은 쉽지 않은 월급 관리를 지속 가능케 하는 훌륭한 영양분이 됩니다.

| # 신용카드 만들면 왜 안 되나요?

　　머리로는 시도하고 싶지만 몸이 잘 따라주지 않는 일 중 하나가 바로 신용카드를 자르는 일입니다. 소비를 편리하게 해준 IT 환경이나 앱 등의 조상이라고 할 수 있는 신용카드의 등장은 '대소비시대'를 여는 계기가 됐습니다.

　　신용카드가 등장하면서 할부라는 개념이 정착됐고, 할부로 인해 당장 예산에 어려움이 있어도 구매가 가능해졌습니다. 직장인들의 대표적 푸념인 '급여일에 들어온 월급이 증발'하는 현상의 중심에 신용카드가 있죠. 직장인이 되면 누구나 만드는 별거 아닌 플라스틱 카드 한 장이지만, 이 한 장이 목돈을 모으는 데 엄청난 장애물이 됩니다.

사업하는 사람들이나 저 같은 프리랜서의 경우처럼 수입이 일정치 않은 상황에서는 신용카드가 제몫을 하기도 합니다. 하지만 직장인의 경우에는 사실상 신용카드가 필요하지 않습니다. 한꺼번에 큰 금액을 지출해야 하는 결혼 같은 특수한 경우에는 어쩔 수 없이 신용카드가 필요하기도 하겠지만, 그 외에는 신용카드를 가능한 한 사용해서는 안 됩니다. 일반 급여 소득자가 신용카드를 멀리해야 하는 이유는 시작되는 할부를 끊을 수 있는 체력이 없기 때문입니다. 한 제품을 구매하면서 발생한 할부가 종료되기 전까지 새로운 할부를 시작하지 않는다면 다행이지만, 욕구 통제가 어려운 소비자들 대부분은 여러 할부를 겹쳐 이용하고 있습니다.

이렇게 가중된 변제 부담은 고정적인 급여로 결코 해소할 수 없습니다. 다음 월급이 들어오면 할부를 비롯한 신용카드 사용액이 빠져나갑니다. 그렇게 되면 현금이 부족해서 또다시 신용카드를 쓸 수밖에 없습니다. 이 악순환은 생각 이상으로 벗어나기 어려운 족쇄입니다.

물론 절제하고 자제한다면 오랜 기간에 걸쳐 족쇄를 끊어 낼 수 있을 테지만, 할부의 맛을 알게 된 사람이 그 유혹을 떨쳐내는 일은 단순히 절제하는 것 이상으로 어렵습니다. 할부 역시 대출의 일환이라는 점을 명심해야 합니다. 저축을 위해 대출하는 것도 이상적이라고 할 수 없는데, 쓰기 위해 대출을 받는 건 어떻게 받아들여야 할까요? 소비를 위한 대출이 바로 할부입니다.

최악의 상황은 신용카드의 주 기능인 할부 외의 장치에까지 손을 대는 경우입니다. 리볼빙, 현금서비스, 카드 대출 등에까지 손을 대면 그때부터는 회생 불가능한 늪에 빠지게 됩니다. '설마 그런 사람이 많겠어?'라고 생각하시겠지만 생각보다 많은 사람이 이 늪에 빠져 각종 제도를 활용해 구제를 받고 있습니다.

지출 통제에 부정적으로 작용한다는 사실만으로도 신용카드를 쓰지 않아야 하지만, 신용카드를 쓰는 소비 패턴을 고수하면 '연말정산'에서도 문제가 발생할 수 있습니다. '13월의 월급'이라 불리며 매년 초 근로소득자들에게 큰 관심을 받는 연말정산은 연간 징수된 세금 중 일부를 환원해주는 제도입니다. 이중 가장 큰 부분을 차지하는 게 바로 소비 액수인데 어떤 방식으로 소비하는지에 따라 환급액이 크게 달라집니다.

현금을 쓰고 현금영수증을 발급받은 액수, 체크카드를 이용한 소비, 신용카드를 쓴 내역 등이 1차적으로 소비액과 그에 따라 발생한 세금을 측정하는 기준이 됩니다. 각 소비 방식에 따라 공제되는 정도에 차이가 있습니다. 신용카드(15%)보다 현금영수증이나 체크카드의 공제율이 2배 높게(30%) 책정돼 있습니다.

거기다 머지않아 신용카드가 연말정산 대상에서 제외될 것이라는 사실도 기억해야 합니다. 이미 이전부터 신용카드의 공제 일몰이 논의돼왔습니다만 다행히 정부에서 그 혜택을 수년째 연장하고 있습니다. 2019년에 발표된 세법 개정안에 따르면 연말정산에서 신용카드 공제 혜택을 2022년까지 연장하기로 했습니다. 신용카드 사용액을 계속 인정해줄 수밖에 없는 이유는 소비자들이 신용카드를 사용하는 비중이 압도적으로 높기 때문입니다. 연말정산 반영 요소에서 신용카드가 제외된다면 대다수 서민들이 타격을 입을 테니 정부 입장에서도 어쩔 수 없이 일몰시기를 연장시키고 있는 거죠.

다음 표에서 확인할 수 있듯이 우리나라 소비자의 신용카드 의존도는 상당히 큽니다. 할부의 유혹에 노출된 사람이 그만큼 많다는 이야기입니다. 다른 선진국 소비자들과 비교해도 우리나라 소비자들이 신용카드를 눈에 띄게 많이 사용합니다. 나머지 국가의 신용카드 발급 기준이 까다롭다는 점도 장벽으로 한몫하고 있습니다만, 우리나라 소비자들이 추구하는 신용카드의 '편리함'도 여기에 기인하고 있습니다.

앞서 말씀드린 바와 같이 신용카드의 사용으로 발생하는 악순환은 끊어내기가 매우 어렵습니다. 이 습관을 바꾸지 못

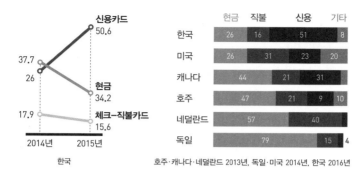

	현금	직불	신용	기타
한국	26	16	51	8
미국	26	31	23	20
캐나다	44	21	31	
호주	47	21	9	10
네덜란드	57		40	
독일	79		15	4

호주·캐나다·네덜란드 2013년, 독일·미국 2014년, 한국 2016년

국가별 지급수단 이용률 비교 (단위: %)

한 채로 2022년 이후에 신용카드가 연말정산 대상에서 제외
된다면 '13월의 월급'은 고스란히 '13월의 폭탄'이 될 겁니다.
머지않아 다가올 연말정산 혜택 일몰에 대비해서라도 신용카
드로부터 독립하는 노력을 해야 합니다.

제휴 포인트도 내 돈!

간혹 대형마트에서 장을 보다보면 조그마한 자투리가 곁들여진 상품을 볼 수 있습니다. 판매하려는 상품과 함께 어울리는 상품을 끼워 팝니다. 맥주 피처에 붙어 있는 작은 견과류처럼 말이죠. 우리는 이런 자투리 때문에 상품을 구입하기도 합니다. 작지만 그 나름의 매력에 끌릴 때도 있으니까요. 이럴 경우 자투리는 제 몫을 톡톡히 한 셈입니다.

각종 제휴 포인트들도 자투리 상품으로 비유할 수 있을 겁니다. 원래는 다른 서비스를 이용하기 위해 특정 금액이나 노력을 지불했지만 이 포인트들은 알게 모르게 가상의 지갑 속에 쌓여갑니다. 포인트는 쌓이면 생각보다 쏠쏠한 금액이 됩니다. 그렇지만 가상의 화폐이기도 하고 적립되는 속도가 더디다보니 잊고 지내기 쉽습니다. 심지어는 귀찮다는 이유로 적립조차 하지 않을 때도 있습니다.

그렇지만 이런 포인트도 모두 우리의 자산입니다. 수백, 수천만 원만 돈이 아닙니다. 작은 자산을 소중히 여기고 관리해야 큰 금액도 알차게 운용할 수 있습니다. 자투리처럼 보이는 포인트들을 온전히 쓰는 사람이 월급도 더 잘 관리합니다. 물질의 대표가 돈이라지만 재테크에서는 심리적인 요인이 크게 작용합니다. 목돈을 모을 때도, 투자를 할 때도 바른 마음가짐이 큰 성과를 만들어냅니다. 지금부터는 작은 포인트도 제 가치를 다할 수 있도록 활용합시다.

우리 주변에는 얼마나 다양한 포인트가 있을까요? 쉽게 찾아볼 수 있는 곳은 집 주변에 있는 중·대형 마트입니다. 마트에서는 구매 금액에 따라 일정 비율로 포인트를 적립해줍니다. 지금껏 제게 별다른 화를 내신 적 없는 저희 어머니는 마트에서 물건을 사고 포인트 적립을 하지 않으면 크게 꾸중하십니다. 적립한 금액으로 무언가 사가지고 오실 때면 어린 아이처럼 밝게 웃으며 자랑하기도 하십니다. 나름의 행복을 여기에서 찾으시는 어머니를 보며 삶의 지혜를 배웁니다.

신용카드는 제휴 혜택이 다양합니다. 사용 실적에 따라 쌓이는 포인트가 있으며, 이와 함께 바우처라는 서비스를 제공합니다. 상위 등급의 카드일수록 제공되는 바우처도 폭넓어집니다. 매년 혜택을 받다보면 익숙해져 바우처를 미처 다 사용하지 못합니다. 신용카드는 연회비가 상당합니다. 바우처는 그 연회비를 지불했기에 받게 되는 권리입니다. 충분히 누리세요.

은행에서도 카드 실적에 따라 포인트를 적립해줍니다. 일부 은행은 누적된 포인트를 현금으로 바꿔줍니다. 이 역시 상당히 매력적인 제도 중 하나입니다. 은행을 찾아가 가상의 화폐를 현실 화폐로 전환해보세요.

최고의 제휴 서비스 중 하나는 통신사에서 제공하는 할인이 아닐까요? 과거에는 이용 실적에 따라 매년 이용할 수 있는 포인트에 제한이 있었습니다. 통신사별로 차이는 있지만 일정 포인트를 쓰고 나면 남은 기간 동안에는 할인이 적용되지 않았죠. 그렇지만 최근에 그 경계가 사라져 과거보다 훨씬 많은 할인을 받을 수 있습니다. 통신사 혜택이 좋은 이유는 일상에서 가장 많이 찾게 되는 편의점에서 이용이 가능하기 때문일 겁니다. 적극적으로 휴대폰을 꺼내 듭시다.

누군가는 별거 아닌 작은 금액이라고 치부할 수도 있습니다. 그렇지만 반복된 과정에서 쌓이고 쌓이다 보면 생각보다 큰 이익을 안겨주는 게 각종 포인트입니다.

 영화를 즐겨보는 저는 영화를 보며 쌓은 포인트를 다시 영화를 보는 데 쓰거나 소소한 생활용품을 살 때 사용합니다. 각자 소비 패턴에 따라 모이는 포인트도 다르겠지만, 누적된 포인트는 적절하게 현금을 대체하는 용도로 활용합시다. 포인트도 우리의 자산입니다.

재테크의 얼리어답터가 되자

얼리어답터는 스마트폰이나 태블릿PC 등 기술 발전 주기가 빠른 제품을 남들보다 먼저 사용하고 평가하는 사람을 일컫습니다. 향후 일상생활에서 파급력이 클 물건을 남보다 먼저 쓴다는 장점이 있습니다. 신문물을 타인보다 일찍 접하면서 돋보일 수 있고, 업무에서 활용해 경쟁력을 높일 수도 있습니다. 특히 기기 활용도가 생산성에 많은 영향을 미치는 현대 사회에서 얼리어답터는 생산 능력과 파급력을 더해줍니다.

재테크에도 얼리어답터가 존재합니다. 다가오는 흐름을 예측하고 미리 대비하는 이들을 재테크계의 얼리어답터라 칭할 수 있습니다. 이들은 후발 주자들보다 많은 수익을 거둘 수 있습니다. 사업을 할 때에 블루오션을 선점해야 큰 수익을 낼 수 있는 것처럼 말이죠. 부동산 거래를 할 때에도, 주식에 투자할 때에도 다른 사람보다 빠르게 움직이고 대응하는 게 한정된 자본을 우선적으로 취할 수 있는 최선의 길입니다.

빨리 찾아야 쉽게 얻는다

재테크 얼리어답터가 되기 위해서는 돈에 대한 충분한 관심과 준비가 필요합니다. 모두에게 열려 있는 일반 상품과는 다르게 돈이라는 존재는 먼저 움직인 사람들에게 차별적인 이익을 안겨줍니다. 재테크에 관심이 많고 보통 사람들보다 큰 부를 축적한 이들, 흔히 부자라고 일컫는 사람들 대부분은 누구보다 빠르게 좋은 자리를 선점하고자 매순간 노력합니다. 수익으로 연결되는 정보를 얻기 위해 신문을 탐독하고, 같은 방향을 보고 있는 사람들과 커뮤니티를 조성해 다양한 의견을 공유합니다.

하지만 우리는 어떤가요. 대다수의 사람들은 삶의 무게에 짓눌려 어찌하지 못하고 있습니다. 노력해야 하는 현실을 회피합니다. 머리로는 알고 있어도 몸이 따라주지 않습니다. 부자가 되고 싶다고 생각하는 사람은 10명 중에 10명일 겁니다. 그에 반해 그만큼 남들보다 앞서고자 하며 본인의 역량을 투입하는 사람은 몇 명이나 될까요? 자본이 소수 몇몇에게 집중되는 이유는 그들이 그만큼 노력을 했기 때문입니다.

우리 역시 보다 윤택한 삶을 살기 위해 얼리어답터가 되려는 노력을 해야 합니다. 부자들만큼은 아니더라도 더 나은 상황을 조성하기 위해서 움직여야 합니다. 적어도 우리에게 큰 혜택을 주는 금융 상품이나 제도가 무엇인지 알아야 합니다.

서민경제에 힘을 싣기 위해 정부나 지방자치단체에서는 매해 청년들에게 다양한 지원정책을 내놓고 있습니다. 큰 이자를 주는 적금이나 생활비와 취업자금을 지원해주는 제도도 꾸준히 등장하고 있습니다. 이를 이용하고자 움직이는 건 소수입니다. 공공기관 차원에서 제공하는 혜택은 쉽게 얻을 수 있지만 아예 존재조차 모르고 지나치는 청년들이 상당히 많습니다.

이런 혜택들을 누구보다 먼저 선점하고 이용하는 건 이제 막 재테크를 시작하는 이들에게 추천할 만한 훌륭한 습관입니다. 한시적이지만 기존에 있던 시중 상품들과 확연히 다른 이자나 세제 혜택을 제공하고 있으니까요. 신상품이나 신제품에 관심을 두는 만큼 시시때때 등장하는 유용한 지원정책은 꼭 챙긴다는 마음가짐으로 뉴스와 신문을 주기적으로 보세요. 앞으로도 계속 강조하겠지만 가능하면 모든 독자들이 '경제 신문'을 정기 구독했으면 합니다. 우리에게 도움이 되는 각종 정보들이 매일 발간되는 신문 속에 있습니다. 익숙하지 않은 분들은 그 내용이 눈에 잘 들어오지 않겠지만 조금만 노력해 신문 읽기가 습관이 되면 그 안에 이로운 정보가 생각보다 많이 있다는 걸 인지할 수 있습니다. 그중에는 청년을 위한 새로운 정책도 있고, 투자 시 실질적으로 수익을 내는 데 직접적으로 작용하는 힌트도 있습니다.

혹자는 이야기합니다. 이미 신문기사로 나온 정보는 한참 늦은 정보가 아니냐고. 하지만 그 늦은 정보조차 모르고 지나가는 건 내 돈을 소중히 관리하겠다는 의지가 없는 겁니다. 생각보다 따끈따끈한 정보들이 얼리어답터가 될 수 있도록 여러분을 도울 겁니다.

스마트한 재테커가 되는 법

앞장에서 IT기술과 인프라의 발전의 어두운 측면에 대해 언급했습니다. 그렇지만 모든 현상에 장단점이 공존합니다. 자산을 관리하거나 투자할 때 도움을 주는 앱을 적절히 활용한다면 기술의 단점들은 충분히 상쇄할 수 있습니다. 앱을 이용한 월급 관리는 스마트한 재테커가 되기 위해 우리가 할 수 있는 가장 친숙한 방법이라고 할 수 있습니다.

단순한 기능만을 보조했던 예전과 달리 다양한 사용자의 요구가 반영된 앱들이 우후죽순 등장하고 있습니다.

가장 대표적인 것이 가계부 앱입니다. 꼼꼼한 돈 관리를 위해 가계부 작성은 필수적입니다. 그러나 가계부를 쓰는 것은 생각보다 습관 들이기가 어렵습니다. 항상 들고 다니기도 불편하고 작은 금액 하나까지 일일이 적는 건 여간 불편한 일이 아니죠. 이런 불편함을 해소해주는 가계부 앱이 등장했습니다. 초창기에는 일일이 입력해야 했지만 최근에는 본인의 계좌나 카드와 직접 연동돼 자동으로 기입되기까지 합니다. 앱을 이용하면서 일주일 단위로 내 소비 패턴을 체크한다면 허투루 쓰는 돈을 줄여나갈 수 있습니다.

투자에 도움이 되는 앱도 많습니다. 주변 부동산 시세를 한눈에 파악할 수 있도록 안내해주는 앱은 발품이 필수인 부동산 투자에 큰 도움이 되고 있습니다. 증권사를 방문해야만 진행 가능했던 각종 거래들 역시 증권사마다 출시한 앱으로 간편하게 이용할 수 있죠. 즉각적으로 매수와 매도가 가능해졌습니다. 창구를 방문하지 않고 증권사나 은행 앱을 통해 계좌를 생성할 경우에 수수료 면제, 우대이율 적용 등 다양한 혜택을 받을 수도 있습니다.

제가 가장 애용하는 앱은 '스케줄러'입니다. 여러분이 신문을 읽는 습관을 기르는 데 성공하셨다면 스케줄러 역시 적극적으로 활용하시기 바랍니다. 성공하는 사람들이 기록을 많이 한다는 이야기는 들어보셨을 겁니다. 기록은 인류 발전에 지대한 영향을 미쳤고, 한 개인이 살아가는 과정에도 도움을 많이 줍니다. 재테크에 있어서도 기록은 중요한 요소입니다. 투자를 하는 과정에서 '시점'이 수익률에 영향을 미치는 경우가 많으니까요.

일반적으로는 스케줄러를 일정이나 기념일을 챙기기 위해서 사용하지만, 저는 이것을 여러 재테크 투자 시점을 입력하는 용도로 쓰고 있습니다. 자세한 내용은 주식 파트에서 다루겠습니다만, 어떤 투자 정보든 활용 가능하다고 판단되면 우선 스케줄 앱에 저장해둡니다. 사소한 습관이지만 적절한 투자 시점을 놓치지 않는 데 큰 도움이 됩니다. 이외에도 송금에 편의를 주는 앱이나 모든 통장 계좌를 한 번에 관리하도록 도와주는 앱 등 재테크의 편의성을 극대화시켜줄 수 있는 앱들이 출시되고 있습니다.

이런 앱을 쓸 때에 돈과 관련된 광고들에 자주 노출될 수 있다는 점은 주의해야 합니다. 모든 앱은 플랫폼 사업의 특성상 광고를 포함하고 있습니다. 재테크 관련 앱에는 금융 상품

광고가 많습니다. 전략적으로 제휴한 금융 상품을 노출시키기도 합니다. 앱 본연의 기능만을 활용하시기를 추천합니다.

포털사이트 활용하기

현대인의 의존도가 큰 포털사이트 앱에서도 수많은 재테크 관련 정보를 집약해 제공하고 있습니다. 재테크 초보에게는 포털사이트가 제공하는 정보도 큰 힘이 됩니다. 저는 재테크 관련 정보나 경제 뉴스 탭을 메뉴 바에 우선 배치해 활용하고 있습니다.

포털사이트에는 뉴스를 시작으로 동영상 콘텐츠, 웹툰이나 웹소설, 쇼핑에 이르기까지 일상생활 전반에 관련된 정보들이 있습니다. 서비스가 워낙 다양하다보니 우리가 놓치고 있는 유익한 정보들도 많습니다. 익숙한 메뉴만 계속 찾게 되다보니 자신이 미처 챙기지 못한 서비스들은 이용도가 확실히 떨어질 수밖에 없습니다.

돈과 관련한 정보 역시 마찬가지입니다. 저처럼 금융업에 종사하거나 투자를 일상적으로 하는 사람이 아니라면 이와 관련된 서비스를 검색하거나 활용한 경험이 부족하겠죠. 예·적금이나 복리 계산기, 환율 계산기와 같은 기초적인 기능부터 주식이나 부동산 투자에 활용할 수 있는 기본적인 데이터들을 포털사이트에서 찾아볼 수 있습니다. 매년 연말정산 시즌이 다가오면 절차와 팁을 안내해주기도 하며, 주택 청약이 실시되는 날에는 어떤 지역의 아파트에 신청할 수 있는지 알려주기도 합니다.

도처에 흩어져 있는 정보를 한데 모아 정렬하는 포털사이트의 속성이 가져다주는 이로운 부분입니다.

부동산을 한번 살펴볼까요? 주요 투자 방식 중 하나인 만큼 포털사이트에서는 우리가 참고할 수 있는 매매 관련 자료들을 소개하고 있습니다. 가장 기본적인 부동산 거래인 주택 매매나 전세 계약을 위해서는 시세 파악이 중요합니다. 포털사이트는 이 과정이 손쉽게 이뤄질 수 있도록 돕고 있습니다. 원하는 지역이나 건물 주소를 입력하면 최근 거래된 가격을 한눈에 파악할 수 있고, 이를 통해 구매하고자 하는 대상의 최근 시세를 확인한 뒤 실거래에 임할 수 있습니다.

포털사이트에서는 부동산 투자의 한 방식인 경매에 대한 정보도 제공하고 있습니다. 과거에는 법원 경매정보사이트에 접속해서 조회해야 했지만, 이제는 거기까지 찾아가지 않아도 됩니다. 경매 특성상 세부적인 정보는 유료 경매 사이트를 이용해야 하지만 기본적인 정보 탐색이나 깨끗한 물건을 찾는 건 포털사이트에서 제공해주는 정보만으로도 충분합니다.

부동산과 마찬가지로 주식 역시 포털사이트에서 활용도 높은 정보를 제공해주고 있습니다.

이렇듯 투자와 관련한 유용한 정보가 많은 포털사이트를 주기적으로 활용하는 것도 똑똑한 재테크를 할 수 있는 하나의 방법입니다. 어떠한 투자든 기본적인 정보를 제때 수집할 수 있어야 하니까요. 바로 해당 정보를 찾을 수 있도록 최소한 주식과 부동산 페이지만큼은 익혀둡시다.

사업소득자라면 주목하세요

소득에는 여러 종류가 있습니다. 급여소득, 사업소득, 이자소득, 배당소득 등등 다양한 소득이 우리의 자본이 됩니다. 이중 사업소득은 급여소득과 더불어 소득을 대표하는 한 축이라 할 수 있습니다. 소득의 종류에 따라 재테크의 방법은 다릅니다. 이 책은 기본적으로 급여소득자를 대상으로 하고 있습니다만 '돈을 모은다'는 큰 흐름에서는 맥을 같이 하기에 사업소득자를 위한 팁도 간략하게 소개하고자 합니다.

사업소득자는 날로 늘어나고 있습니다. 직업이 다양해졌기 때문이죠. 영업 직군에 종사하는 사람이나 청년사업자가 대표적입니다. 연예인이나 최근 청소년을 중심으로 관심이 높아진 스트리머(온라인 상에서 동영상과 같은 콘텐츠를 통해 소득을 얻는 직업), 저와 같은 강사도 사업소득자에 해당합니다.

이들은 급여소득자에 비해 '입금'되는 금액이 많습니다. 매월 수입이 같다고 하더라도 사업소득자는 3.3%밖에 소득세를 제하지 않아 실제 수령하는 액수가 일반적인 급여소득자보다 큽니다. 그렇다고 해서 이들이 돈을 더 많이 벌거나 모으는 건 아닙니다. 급여소득자와 다르게 사업소득자는 매월 입금되는 금액이 불규칙하기 때문입니다. 이를 경계하지 않으면 끊임없이 '텅장'(텅 빈 통장을 일컫는 신조어) 줄타기를 해야만 합니다.

사업소득자는 우선 소득을 올리는 데 소요되는 비용을 정확히 측정합니다. 일부 영업직군은 회사에서 지원하는 영업비가 있지만 오로지 사비로만 활동을 해야 하는 영업군도 있습니다. 매월 일정 금액 이상의 사비를 과도하게 영업비로 지출하지 않도록 꾸준히 예산을 통제해야 합니다.

사업주의 경우에는 매년 고정적인 세금 신고 기간을 놓치면 안 됩니다. 사업의 형태에 따라 매년 지불하는 세금이 다르지만 전반기와 후반기로 각각 신고해야하는 소득과 여기에서 파생되는 세금이 있으니 누수가 생기지 않도록 사전에 체크하는 습관을 길러야 합니다.

다음으로 최저 소득과 최고 소득 사이의 평균치를 측정할 수 있어야 합니다. 사업소득을 벌어들인 기간이 짧은 사람은 예측이 어렵겠지만 평균적으로 매월 운용 가능한 자금이 얼마인지 꼭 확인해야 합니다. 정확하게 판단할수록 탄탄한 기반을 토대로 한 재테크가 가능합니다.

또한 여유 자금을 확보해두어야 합니다. 고정적인 급여를 수령하는 급여소득자와 다르게 항상 현금이 부족할 수 있다는 우려를 안고 있는 게 사업소득자입니다. 고정적으로 지출해야 하는 사업비나 영업비가 부족해 대출을 고민하는 사례도 심심치 않게 등장합니다. 이를 대비해서라도 사업 초기에는 여유 자금을 확보하는 데 주력해야 합니다.

모든 소득이 '소득자의 존재'에서 비롯된다는 점은 여유 자금을 확보해야 하는 또 다른 이유입니다. 사업소득자는 급여소득자와 다르게 복지에 취약합니다. 급여소득자는 몸이 불편하거나 집안에 일이 생겨 자리를 비워야 할 때 회사의 복지제도를 활용하여 소득의 누수를 방지할 수 있습니다. 이에 반해 사업소득자는 본인이 부재할 경우 익월 소득에 큰 타격을 입게 됩니다.

사업주의 경우 회사 경영에 제한이 생기며, 영업직군은 영업활동을 하지 못합니다. 꾸준히 콘텐츠를 생산하고, 역량을 키워야 하는 강사, 연예인, 스트리머 등도 이러한 위험에 계속

해서 노출될 수밖에 없습니다. 최소한의 여유 자금을 비축해 두지 않는다면 한 번의 부재로 심각한 손실을 볼 수도 있습니다. 육체적으로나 정신적으로 무너져 향후 소득을 기대하기 어려워질 수도 있으니 별개의 여유 자금을 항상 준비해야 합니다.

세금에도 주의를 기울여야 합니다. 사업 초기에는 급여소득자와 비슷한 수준의 소득을 벌어들여 3.3%에 그치는 세금을 내며 수입을 늘릴 수 있지만, 소득이 안정화되거나 급격히 증가하면 지불해야 하는 세금이 천정부지로 뜁니다. 우리나라 세법은 '누진세'를 기본으로 합니다. 소득이 증가하거나 세금 징수 대상 금액이 크면 클수록 더 많은 세금을 내야 합니다.

최근 들어 스트리머가 많아지고 이들의 탈세가 심각한 수준으로 잦아지면서 국세청에서는 고소득자에 해당하는 사업소득자들에 대한 감시를 강화하고 있습니다. 2019년에도 여러 고소득 스트리머들이 세금 폭탄을 맞았습니다. 악의적으로 탈세하려고 하다가 발각된 경우도 있지만 잘못된 비용 처리나 소득 증빙 오류, 부적절한 관행 등으로 인해 세무조사를 당하기도 합니다.

세금 관련 이슈 대부분을 회사에서 챙겨주는 급여소득자와 다르게 사업소득자는 본인이 직접 대응해야 합니다. 사업주의 경우 사업이 커지면 커질수록 개인 세무사나 법무사 등에게

전적으로 맡기기도 합니다만 이들이 완벽하게 대응해주는 건 현실적으로 어렵습니다. 스스로가 세금과 관련한 주요한 사항을 인지하고 있지 못하면 조용히 다가와 터지는 세금 폭탄으로 곤혹스러울 수 있습니다.

사업소득자들이 철칙으로 삼아야 하는 단 한 가지는 미래가 항상 장밋빛은 아니라는 것을 기억하는 것입니다. 기대 수익이 아무리 높은 직업이라도 매번 고수익을 거둘 수 있는 건 아니며, 두 번 다시 찾아오지 않을 기회가 와도 예상치 못한 악재가 닥쳐 그 기회를 놓칠 수도 있습니다. 이를 항상 명심하고, 소득과 지출을 안정적으로 통제하는 데에 역량을 집중하도록 합시다.

보이지 않는 명함, 신용점수

　　직장 생활을 하게 되면 '명함'이 사회 속 우리 자신을 대변합니다. 그 기준은 저마다 다르지만 조금 더 나은 직장에 취직하고자 하는 바람은 다른 이들에게 보다 인정받고 싶다는 무의식의 작용입니다. 인정을 받고 싶은 것은 모두가 가진 공통된 욕구죠. 나이가 들면서 우리는 명함이 우리의 정체성을 표현해주는 산물이라는 걸 느낍니다. 손바닥 안에 들어오는 작은 종이 하나가 우리를 대변해주는 상황을 마주하다보면 더욱 든든한 명함을 갖고 싶어집니다.

사회생활에서 명함이 보이지 않는 영향을 미치는 것처럼 경제활동을 할 때에는 '신용등급'이 명함과 유사한 역할을 합니다. 신용등급이 높은 사람은 어떤 금융사를 방문해도 좋은 대우를 받게 됩니다. 반면에 신용등급이 저조한 사람일 경우에 그들이 받을 수 있는 혜택이 많지 않습니다.

신용등급이 높은 사람은 별다른 제약 없이 대부분의 서비스를 이용할 수 있습니다. 이용만 할 수 있는 게 아닙니다. 그렇지 않은 사람보다 높은 우대금리 같은 양질의 혜택을 받을 수 있습니다. 명함과 달리 우리 눈에 보이지 않지만 높은 신용등급을 보유한 사람이 누리는 특권은 엄청납니다.

반면에 낮은 신용등급을 보유한 이는 직장만 다니고 있으면 만들 수 있는 신용카드를 만들지도 못하며, 집을 구매할 때처럼 큰 금액이 필요한 상황에서 원활히 대출을 받기도 어렵습니다. 경제활동에 제한이 생긴다는 건 '어른'들에게 있어 무거운 제약으로 다가옵니다.

그렇기 때문에 직장인이라면 누구나 자신의 신용등급에 관심을 갖게 마련입니다. 신용등급은 장기간에 걸쳐 쌓여가는 무형의 명함이기 때문에 그 관리가 매우 중요합니다. 큰 풍파 없이 살아온 사람들이라면 별다른 어려움 없이 상위 등급을 유지할 수 있습니다.

피치 못한 사정으로 등급이 하락한 경우라도 낙심하지는

마세요. 시간은 조금 걸리겠지만 신용등급을 올리는 데에 유리하거나 불리한 요소들만 잘 살펴 지키거나 피한다면 남들처럼 든든한 명함을 보유할 수 있습니다.

우리가 익히 알고 있는 신용등급은 NICE와 KCB로 대표되는 개인신용정보 전문업체에서 제시한 기준에 따릅니다. 두 회사는 각각의 지침에 따라 개인별 신용등급을 책정해오고 있으며 우리가 금융거래를 하는 과정에서 필요할 경우 금융기관에서는 이 등급을 참고로 합니다.

특히 대출을 받을 때 필요한 대표적인 지표 중 하나가 신용등급입니다. 본인 명의의 집이나 차와 같이 '담보'로 삼을 자산이 없을 경우 금융기관에서는 개인의 '신용', '신뢰'를 판단하는 데 있어 신용등급을 1차적인 기준으로 삼습니다. 최저 10 등급부터 1등급에 이르기까지 어떤 등급이냐에 따라 대출 가능 여부, 대출 승인 시 적용 금리 등에서 차이가 발생합니다.

하지만 신용등급은 이제 과거의 산물이 됐습니다. 2020년 부터는 신용등급이 아닌 '신용점수'로 대체됩니다. 신용등급이 낮았던 이들에게 보다 나은 혜택을 제공하려는 일환으로 시행되는 '신용점수제'는 기존의 10개 등급으로 나누는 체계와 다르게 개인의 신용도를 0~1,000점에 이르는 점수로 표기하게 됩니다.

등급제에서는 모든 사람을 10등분으로 나누기 때문에 하위

구분	NICE	KCB
1	900~1,000	942~1,000
2	870~899	891~941
3	840~869	832~890
4	805~839	768~831
5	750~804	698~767
6	665~749	630~697
7	600~664	530~629
8	515~599	454~529
9	445~514	335~453
10	0~444	0~334

업체별 신용등급 및 신용점수

등급일수록 급격히 혜택이 줄어들었습니다. 정부나 은행을 비롯한 각 금융기관에서는 점수제를 통해 신용 분류가 세분화되면 기존에 혜택을 받지 못했던 이들에게도 최소한의 서비스를 제공할 수 있으리라 기대하고 있습니다.

신용점수 고득점의 열쇠는 꾸준함

등급제든 점수제든 중요한 건 높은 위치에 있는 거겠

죠? 지금부터는 그 방법에 대해서 알아보도록 하겠습니다.

핵심은 하나입니다. '믿을 수 있는 거래 내역'을 꾸준히 만들어내는 겁니다. '신용'은 말 그대로 다른 사람이 우리를 믿게 만드는 힘입니다. 경제활동에서의 신용도 크게 다르지 않습니다. '신용점수가 높은 사람'은 '믿고 금융거래를 할 수 있는 사람'으로 해석할 수 있습니다. 우리가 꾸준하게 '신뢰'할 수 있는 '증빙자료'를 생산해낸다면 자연스럽게 신용점수는 상승합니다. 이에 반하는 행동을 한다면 당연히 점수는 떨어지게 됩니다.

여기에서 명심할 건 일반 직장인들은 절대 신용도가 떨어지는 상황을 만들어서는 안 된다는 겁니다. 직장인이 이런 상황을 맞게 되는 경우는 두 가지입니다. 본인이나 가정에 우환이 생겼을 때, 그리고 소비를 온전히 통제하지 못해 고정비를 넘어섰을 때. 전자는 불가항력적이기 때문에 어쩔 수 없지만 후자는 극복하기가 매우 힘들어집니다. 덩달아 신용등급도 '곤두박질'칩니다.

신용점수를 올리는 최우선적이고 절대적인 원칙은 '일상에서의 꾸준함'을 잃지 않는 겁니다. 주변에서 '믿을 만한 사람'이라고 불리는 이들은 대부분 묵묵하게 본인의 일을 꾸준히 하고, 약속을 꼭 지키는 사람입니다. 금융권에서 보는 신뢰도역시 이 꾸준함에서 비롯됩니다. 경제활동을 하면서 우리가 어필할 수 있는 꾸준함은 정확하게 납기를 지키는 겁니다. 우리가 내는 공과금, 휴대폰 요금 등은 국가나 기업과 하는 일종의 약속입니다. 관련된 서비스를 이용하는 대신 정해진 기간에 이용료를 내기로 합의한 거죠. 그 약속을 지키지 않으면 우리는 점차 믿음을 잃어가게 됩니다.

소액의 연체는 즉각적으로 점수에 타격을 주지 않습니다. 빠른 기간 내에 연체된 금액을 상환한다면 부정적인 영향을 미치지 않습니다. 연체된 금액이 클수록, 그 기간이 길어질수록 신용도에 악영향을 끼칩니다. 어쩔 수 없는 상황 때문에 여러 종류의 납부액을 연체하게 됐다고 가정해봅시다. 연체된 기간이 짧은 건을 먼저 해결해야 할까요? 장기 연체된 자금을 먼저 처리해야 할까요? 당연히 장기간 연체된 건수부터 차례대로 상환해야 합니다. 연체 금액에 따라 다르겠지만 동일한 조건이라면 장기 연체된 금액부터 상환하는 것이 유리합니다.

대출은 '신용 없음'의 증표

대출은 가능한 지양해야 합니다. 주택 구매와 같은 경우를 제외하곤 가능하면 대출에 손을 대지 않도록 합시다. 정도에 차이가 있을 뿐 대출 이력이 발생하면 이는 곧장 신용점수에 영향을 미칩니다. 소액이라는 이유로 현금서비스를 자주 이용하는 분이 계시다면 당장 멈추셔야 합니다. 현금서비스도 대출의 한 종류입니다. 아무리 작은 금액이어도 잦은 소액 대출은 부정적인 영향을 미칠 수밖에 없습니다. 빠른 기간 내에 상환이 가능한 경우가 아니라면 가급적 대출은 자제하도록 합시다. 특히 1금융권보다 금리가 높은 2금융권 이하에서의 대출은 신용도에 더 큰 영향을 미칠 수밖에 없습니다.

취업을 하고 바로 자동차를 사는 청년들이 많습니다. 직장인이면 차가 있어야 한다는 암묵적인 기준에 의해 구매한 사람도 있을 겁니다. 어떤 이유에서 구매를 했든 '자가용을 구매하는 청년이 많다'는 건 '대출을 받은 사람이 많아지고 있다'라고 바꿔 말할 수 있습니다.

더군다나 1금융권에서 과거 캐피탈 등을 통해서만 가능했던 자동차 대출 상품을 출시하면서 소비자들의 심리적인 부담감이 줄어들었습니다. 통상 직장을 다닌 지 6개월만 지나면 차를 담보로 훨씬 낮은 금리의 대출을 받을 수 있게 된 겁니다. 더 많은 젊은이들이 이를 이용할 환경이 조성됐습니다. 1금융권 중 빠르게 차 대출 시장에 진입했던 신한은행의 경우 2010년 출시 후 1년여 만에 이용자 1만 명을 확보했습니다. 심지어 2017년에는 은행 중 최초로 대출 금액 4조 원을 돌파했다는 뉴스가 등장하기에 이르렀습니다. 사회초년생들만이 이용하는 건 아니겠지만 급속도로 이용자가 늘고 있다는 건 젊은 층도 빠른 속도로 여기에 편승하고 있다는 걸 뜻합니다. 은행을 방문하는 등 번거로운 절차 없이 모바일 앱으로 대출 신청이 가능하기까지 합니다.

대출도 하나의 금융 서비스인데 이를 이용한다는 것만으로 신용도가 떨어지는 건 불합리한 거 아니냐고 반문하시는 분들도 계실 겁니다. 은행 등 금융기관은 대출을 떠안고 있는 사람을 '약속을 어길 수 있는 리스크를 안고 있는 사람'으로 인식합니다. 같은 연봉을 받고 있는 사람이라도 대출을 조금이라도 안고 있는 사람은 상환이 어려울 것이라 판단할 수밖에 없습니다. 더군다나 정부 정책의 영향으로 대출 요건은 갈수록 까다로워지고 있습니다. 집 구매와 같은 큰 거래를 앞두고 있는 상황이라면 더더욱 소액 대출도 경계해야 합니다.

만약 대출을 받았다면 '어떠한 경우'라도 상환을 해내야 합니다. 대출을 받게 되면 휴대폰 요금 납부일을 정하듯 매월 혹은 특정 시기를 지정해 원금이나 이자를 상환해야 합니다. 물론 대출을 받기 전에 상환 여력을 확인하는 게 우선돼야합니다. 여력이 있지 않은 상태에서의 대출은 자멸과 다를 바 없습니다. 일단 상환을 시작하게 되면 절대 이 약속을 어기지 않도록 주의를 기울여야 합니다. 공과금이나 기타 서비스요금 연체와 대출 연체는 우리의 신용도에 미치는 영향이 천지차이입니다. 이 역시 금액에 따라 달라지기는 하지만 1,000만 원 이상의 금액을 한 달가량 연체하게 되면 등급제 기준 1~2등급은 우습게 떨어집니다. 최저 등급으로 내려가는 건 한순간입니다.

대출을 받았다는 리스크에 연체라는 추가적인 위험도가 더해지기 때문에 신용도 역시 빠른 속도로 떨어지게 됩니다. 3개월 연체하고 이후 3개월간 성실히 상환을 했다 하더라도 연체 이전의 등급으로는 절대로 회복되지 않습니다.

어쩔 수 없는 상황으로 대출을 받게 됐다면 대출 상환을 최우선으로 하는 재무 계획을 세우도록 합시다. 신용점수를 올리기에 취약한 상황에 처한 만큼 더 이상의 하락이 없도록 방어하는 수밖에 없습니다. 고정비용을 줄이는 건 안정적인 여력을 만드는 지름길이기도 합니다. 대출을 떠안고 있는 분이라면 고정비용을 최소화하기 위한 목적에서라도 그 어떠한 것보다 상환에 초점을 맞춰야 합니다. 대출 상환도 잃어버린 신용도 회복에 많은 도움이 됩니다.

정말 어쩔 수 없이 대출을 받아야 한다면 먼저 정부에서 지원하고 있는 자금 활용을 먼저 고민해보는 것이 좋습니다. 정부에서는 시민금융지원프로그램이라는 이름으로 저금리의 대출·대환 상품을 제공하고 있습니다. 정부에서 보장하고 있다 보니 금리가 좋은 편입니다.

또한 햇살론, 새희망홀씨 등과 같은 상품을 이용한 후 성실하게 상환했을 때에는 신용점수에 있어서도 큰 이점이 있습니다. 연체 이력이 없어야 하거나 다중채무자가 아니어야 한다는 조건이 있지만 특별한 경우가 아니라면 상환 과정에서도 가점을 챙길 수 있습니다. 저금리라는 매력을 보유함과 동시에 신용점수 향상에 도움이 되는 장치까지 가지고 있기 때문에 이왕 대출을 받아야 한다면 정부 지원 상품을 우선적으로 고려하는 게 장기적으로 더 도움이 됩니다. 또한 이들 상품은 중도상환수수료가 없고, 중도에 금리 인하를 요구할 수 있다는 이점도 있습니다. 시중에 존재하는 일반적인 상품보다 경쟁력을 가지고 있습니다.

그 밖의 신용점수 관리법

꾸준하게 신용카드를 사용하는 것은 신용등급에 긍정적인 영향을 미칩니다. 물론 신용카드는 득보다 실이 더 많지만 신용카드 사용 금액을 온전히 지불하고 체크카드를 사용하면서 일정 금액 이상의 소비활동을 지속적으로 하고 있다는 것은 '안정적인 수입원이 있다'는 걸 의미하기도 합니다. 큰 가점이 적용되지는 않지만 일정 수준 이상의 소비는 우리의 경제 능력을 보여주는 지표로 작용합니다. 고정비용을 쓰기만 해도 인정받을 수 있는 부분이기에 큰 노력을 기울일 필요는 없습니다.

마지막으로 신용등급에 꾸준한 관심을 두면서 상황에 따라 '이의 제기'를 하도록 합시다. 신용등급이 낮은 사람에게는 신용도가 회복되는 과정이 동기부여로 작용합니다. 자신의 노력으로 낮아진 점수가 높아지는 걸 바라보면 보상을 받는 것과 같은 효과가 나타납니다. 빠르게 신용등급을 높이기 위해 더욱 노력하게 됩니다.

최근에는 신용점수를 조회하는 게 간편해졌습니다. 금융 관련 애플리케이션에서 손쉽게 조회할 수 있습니다. 그렇기 때문에 일정 주기를 두고 조회해가며 점수의 등락을 추적하고 관리하면 편리합니다.

간혹 본인의 신용도를 조회했을 때 생각보다 낮다는 생각이 들 때가 있을 겁니다. 신용점수는 신용정보회사에서 지정한 시스템에 의해 자동적으로 집계되기 때문에 간혹 오차가 발생할 수도 있습니다. 이럴 경우에 우리는 이의 제기를 통해 신용점수를 조정할 수 있습니다. 과도하게 낮게 조회될 경우에는 먼저 신용정보회사에 연락해 등급 산출 기준을 확인해야 합니다. 이후 불합리하다고 느껴지면 금융감독원을 통해 이의 제기를 하면 됩니다. 일련의 과정을 거치고 나면 적합한 신용점수를 회복할 수 있습니다.

신용점수를 올리는 게 어렵다는 말을 간혹 들어보셨나요? 이는 신용도가 저해되는 상황이 발생할 때의 페널티가 상승에 도움 되는 일을 했을 때 추가되는 가점보다도 훨씬 크기 때문입니다. 이 차이는 상상 이상으로 큽니다.

등산을 할 때 보통 오르는 데 드는 시간보다 내려오는 시간이 훨씬 빠르고 편하다고 느낍니다. 신체적으로는 하산할 때 무리가 간다고는 하지만 심리적으로 정반대로 인식합니다. 신용도도 똑같습니다. 높은 점수로 올라가기까지 과정은 힘들고 더디게 느껴집니다(실제로도 느립니다). 그 과정에서 우리는 '절제'된 생활을 해야 할 확률이 높습니다. 이와 반대로 신용도가 떨어질 때에는 가벼운 마음으로 제어되지 않은 소비를 하고 있을 가능성이 있습니다. 동시에 신용도도 손쉽게 떨어집니다.

"기초자산 혹은 안전자산은 우리가 큰 그림을 그리는 데
든든한 버팀목이 됩니다. 제대로 활용해야만
큰 부를 축적하는 촉매가 됩니다."

· 3장 ·

두 가지만 알면
기초자산이 내 손에

이토록 수상한 은행이라니

가을이 되면 거리 여기저기에 떨어져 있는 은행. 고소한 맛과 다르게 냄새는 썩 유쾌하지 않죠. 가끔 잘못 밟으면 그 냄새는 하루 종일 우리를 따라다닙니다. 금융기관으로써의 은행도 비슷한 느낌입니다. 어떤 금융사보다 친숙하고 우리 눈에 자주 띄지만 뭔지 모를 비밀이 숨겨진 곳이 바로 은행입니다.

재테크에 있어 은행은 필수적으로 마주해야 하는 기관이기에 더욱 '잘' 알아야 하는 곳입니다. 친숙하다고 무비판적으로 접근하면 똑똑한 재테크를 하기 어렵습니다. 은행이라는 금융 기관의 본질을 이해해 효율적인 재테크를 하기 위한 기초를 닦는 시간을 가져보도록 하겠습니다.

은행은 복지 기관이 아니다

내가 피땀 흘려가며 번 소중한 월급을 경제적으로 쓸 수 있게 됐다면, 여유자금을 모으는 수단도 마련해야 합니다. 월급을 받게 된다면 누구든 필연적으로 이용하는 대표적인 금융기관이 은행입니다. 은행을 이용할 때도 주의해야 하는 내용이나 제대로 활용하기 위한 최소한의 규칙이 있습니다. 아무 생각 없이 이용하는 것을 경계해야 하는 대상 중 하나가 바로 은행입니다.

은행은 남녀노소 누구나 '신뢰'하는 금융기관입니다. 도처에 많은 1금융권 은행 지점이 자리하고 있어 쉽게 접할 수 있을 뿐 아니라 돈을 알게 되면서 가장 먼저 마주하는 곳이기 때문입니다. 특히나 은행에서 주로 이용하는 예·적금 상품에 원금 손실의 가능성이 없다는 건 은행에 대한 접근을 용이케 해주는 포인트입니다. 우리가 명심해야 할 점은 은행 역시 '돈을 버는' 하나의 '기업'이라는 점입니다. 우리나라 사람들은

3. 두 가지만 알면 기초자산이 내 손에   **111**

병원이나 은행과 같은 기관들을 인프라성 복지기관처럼 인식하는 경향이 있지만 이들 회사는 명백히 기업입니다. 어떤 식으로든 수익을 내야 하는 숙명을 가지고 있는 회사라는 점을 분명히 인식하시기 바랍니다.

은행의 주 기능은 정부·기업·민간이 보유한 현금이 한 곳에 머무르지 않고 원활히 흐를 수 있도록 돕는 데 있습니다. 이 과정에서 활용되는 은행의 주력 상품이 바로 예·적금과 대출입니다. 은행은 이를 기반으로 현금을 확보하고, 필요한 곳에는 현금을 투입합니다.

여기에서 등장하는 개념이 '예대마진'입니다. 예대마진이란 금융기관이 예금을 통해 지출하는 이자와 대출을 통해 벌어들이는 이자 사이에서 발생하는 차익입니다. 은행은 예대마진으로 수익을 올리는 대표적으로 금융기관입니다. 시중 은행을 둘러보시다보면 느끼겠지만 거의 일관되게 예·적금을 이용하는 사람에게 지급해주는 이자율보다 대출을 하는 이들에게 거둬들이는 이자율이 높습니다. 만약 예금과 대출 이자가 동일하다 하더라도 이자 지급 방식이 확연히 다르기 때문에 그 사이에는 '갭'(수익)이 발생하게 됩니다.

일반적으로 은행에서 지급되는 것은 단리 적금 이자입니다. 1년 만기에 이자율 5%의 적금을 든다고 가정했을 때 매달 지급되는 이자율이 달라집니다. 우리는 기계적으로 월 10만

불입월	불입금액	예치기간	실질이자 (세전)	실효 수익률
1월	100,000원	12개월	5,000원	5.00%
2월	100,000원	11개월	4,580원	4.58%
3월	100,000원	10개월	4,170원	4.17%
4월	100,000원	9개월	3,750원	3.75%
5월	100,000원	8개월	3,330원	3.33%
6월	100,000원	7개월	2,920원	2.92%
7월	100,000원	6개월	2,500원	2.50%
8월	100,000원	5개월	2,080원	2.08%
9월	100,000원	4개월	1,670원	1.67%
10월	100,000원	3개월	1,250원	1.25%
11월	100,000원	2개월	830원	0.83%
12월	100,000원	1개월	420원	0.42%
원금 총액	1,200,000원	이자총액 (세전)	32,500원	2.71% (1년평균)

가입기간에 따른 실제 이자율(%) 평균: 2.71%

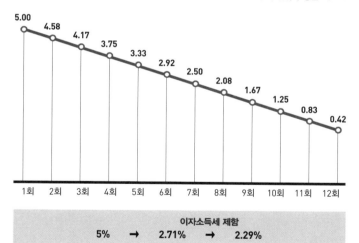

연 5% 이자율 적금에 매달 10만 원씩 1년간 넣을 때 이자

원씩 1년간 적금을 들면 1년에 모이는 120만 원에 대해 5%의 이자가 가산될 거라고 생각합니다. 그러나 이 적금통장에 1년간 고스란히 묶여 있는 돈은 첫 달에 입금된 돈뿐입니다. 은행에서 1년에 3%, 3년에 5%와 같은 식으로 소개하는 이자율은 '최대 N%'를 지급한다는 의미에 가깝습니다. 여기에서 이자소득세 15.4%(소득세 14%, 주민세 1.4%)를 제하고 나면 실제 수령하는 이자는 그것보다 적습니다.

이와 반대로 대출을 할 경우에는 직관적으로 이자가 선계산됩니다. 여기에 더해 대출 상환방식(원금과 이자를 동시 상환하는지, 이자만 먼저 상환하는지 등)과 상환 기간에 따라 은행에 환원해야 하는 이자액이 달라집니다.

또한 장기간 대출이 가능한 대출상품에 비해 예·적금은 긴 기간 운용할 수 있는 상품이 거의 없습니다. 대개 1~5년 내에 만기가 도래합니다. 어떤 형식의 금융 상품이든 자금을 묵혀두는 기간이 길수록 발생하는 이자가 크지만 이 기간에도 태생적인 차이가 있기 때문에 예·적금 대비 대출 이윤이 클 수밖에 없습니다.

결론은 은행을 예·적금을 이용하기 위한 기관보다 훗날 대출을 받기 위해 사전에 방문해두는 거래처로 인식해야 한다는 겁니다. 예·적금을 통해 돈을 잘 불린다기보다 적은 이자로 더 효율적인 대출을 받기 위한 금융기관으로 바라보고 그에 적합하게 이용하는 게 합리적인 은행 활용 원칙입니다.

안정감이라는 덫

아무리 빨리 걷더라도 뛰는 사람을 결코 이길 수 없습니다. 여유로운 삶은 여러분이 은행에 의존하는 정도가 커질수록 그렇지 않은 사람보다 더욱 늦게 찾아올 수밖에 없습니다.

과거 온라인상에서 주목을 끌었던 게시물이 하나 있었습니다. 편의점 아르바이트를 하며 공무원 시험을 준비하던 사람이 시험 합격 후 자신이 그간 아르바이트를 하면서 모은 돈을 게시한 건데요. 그 금액이 자그마치 8,000만 원에 달했습니다.

대단한 건 인정합니다. 오로지 아르바이트, 공부만을 하면서 하루하루를 보냈어야 모을 수 있는 금액이었거든요. 하지만 그 큰 액수가 오롯이 '은행 계좌'에 있었다는 점은 재테크 면에서 매우 안타깝습니다.

우리는 지금 저금리 시대에 살고 있습니다. 머지않아 기준 금리 1%대도 무너질 겁니다. 특히나 일본과 같이 마이너스 금리 시대가 도래하면 은행은 우리가 생각하고 있는 저장고의 기능을 상실합니다. 돈을 맡기는 데에도 돈이 드는 게 바로 마이너스 금리가 의미하는 현실이기 때문입니다. 실제로 일본에서는 개인 금고에 현금을 보관하는 경우가 많습니다. 은행에 돈을 맡기는 것 자체도 손해이기 때문입니다. 일본에서는 도난 방지를 위해 큰 금고를 집에 두고, 거기에 현금을 보관하는 이들이 많습니다.

우리 역시 점차 금리가 낮아져 은행만으로는 원하는 만큼 돈을 불릴 수 없습니다. 거기다 이자 소득세까지 내고 수령하는 이자인데 과연 만족스러울까요? 우리가 예·적금을 통해 수령할 수 있는 이자는 갈수록 줄어드는데 아이러니하게도 물가는 꾸준히 상승하고 있습니다. 우리는 잘 인지하지 못하지만 1년, 5년, 10년 단위로 살펴보면 물가가 말도 안 되는 수준으로 상승했다는 걸 알 수 있습니다. 소싯적 즐겨 먹던 작은 사탕 하나도 20년이라는 시간 동안 몇 배가 뛰었습니다.

우리는 앞으로 수십 년을 살아가야 합니다. 당연히 지금보다 노년기 때 물가가 높겠죠. 그 때문에 우리는 최소한 매년 '물가 상승률 이상'의 수익을 '의무적'으로 챙겨야 합니다. 그래야만 불편함 없이 소비할 수 있습니다.

이러한 이유로 우리는 은행이 주는 안정감으로부터 독립될 필요가 있습니다. 기준금리에 준해 이자를 지급하는 은행 이자율이 매년 책정되는 물가 상승률을 따라가지 못하는 일이 빈번합니다. 은행에 묶여 있을수록 그 돈의 가치는 떨어집니다. 그렇게 되면 우리가 원하던 소비를 할 수 없을 수도 있습니다. 쉽게 설명해 100원이던 사탕 하나를 살 돈을 은행에 넣었다가 내년에 찾으면 사탕을 사먹지 못할 수 있습니다. 물가가 오르는 만큼 이자를 받지 못하면 말이죠. 수치상으로는 이자를 받아 100원이 110원이 됐을지라도 사탕이 120원으로 올라버리면 당연히 살 수 없겠죠. 우리가 처한 현실이 이렇습니다.

원금 손실이 없다는 건 재테크에 있어 결코 대단한 장점이 아닙니다. 그저 마음이 편하다는 것 그 이상, 그 이하도 아닙니다. '잘 모르기 때문에' 친숙한 은행을 이용하는 건 어쩔 수 없지만, 은행 이자 지급 체계에서 벗어나려고 노력조차 하지 않는 우리 자신을 용납하면 안 됩니다.

많은 직장인이 매년 적금을 들고, 이자를 받습니다. 눈으로는 돈이 불어난다고 인식하며, 자신은 재테크를 잘 하고 있다는 '착각'을 하곤 합니다. 이는 결코 온전한 의미의 저축을 한 게 아닙니다. 그저 한곳에 모아놨을 뿐입니다. 은행 계좌에 돈이 쌓이기만 하는 걸 경계해야 합니다. 더욱 안타까운 건 대다수가 은행이 주는 안정감에 익숙해지고, 과하게 의존한다는 점입니다. 이런 안정감과 함께 찾아오는 것 중 하나가 은행 창구 직원에 대한 막연한 '신뢰'입니다. 이는 오히려 위험으로 작용하곤 합니다.

DLF 사태로 본 은행 맹신의 폐해

오늘날 우리가 마주하고 있는 은행을 전적으로 신뢰해서는 안 됩니다. 예전과 다르게 다양한 상품을 '판매'하고 있기 때문입니다. 소비자 중심의 '구매'는 부족한 무언가를 채워야 한다는 자신의 의지가 반영됩니다. 의도와 다르게 돈을 지출할 가능성이 줄어듭니다. 하지만 판매자 중심의 '판매'는 소비자가 의도치 않게 돈을 쓰게끔 합니다. 전자와는 전혀 다른 의도로 자본이 활용되는 거죠.

과거에는 내 돈을 맡기기 위해 은행을 방문했습니다. 이게 전부였습니다. 지금은 그런 방문객을 대상으로 다양한 '판매' 시도가 이뤄지고 있습니다. 우리에게 익숙한, 1금융권이라 불리는 은행들은 예·적금과 대출이라는 기존 상품뿐 아니라 각종 파생상품, 방카슈랑스(은행에서 판매하는 보험 상품)와 같은 '번외 상품'을 진열하고 있습니다. 과거에도 운영하고 있었지만 20세기에 비해 21세기에는 확연하게 이런 상품들을 권하는 경향이 커졌습니다.

이런 현상이 생기는 대표적인 이유는 은행이 창구 직원들의 실적에 이런 번외 상품 판매율을 반영하기 때문입니다. 한 번이라도 은행을 방문해 창구 업무를 본 사람이라면 인지하실 겁니다. 은행 업무 편의성을 위해 만들어진 여러 앱을 설치하게끔 하고 추천인 코드를 입력하도록 권하죠? 이 역시 실적 중 하나입니다.

이렇게 실적을 강조하다보니 창구 직원들은 본업 이외의 판매 활동을 겸하고 있습니다. 일련의 과정에서 우리가 바라봐야 할 핵심은 이들이 판매하는 번외 상품들과 창구 직원 사이에 연관 관계가 없다는 점입니다. 예를 들어 보험의 경우 계약자가 짧은 기간 안에 해지하게 되면 보험설계사는 큰 손실을 봅니다. 그렇기 때문에 보험설계사들은 해지를 막고자 고객 관리에 신경을 씁니다. 펀드매니저 역시 자신이 운영하는 펀드의 수익률이 낮아지면, 본인이 받게 되는 성과급에 영향을 미치게 됩니다.

은행 창구직원들은 이들보다는 자유롭습니다. 물론 장기적인 관점에서의 진급 등에는 영향을 미치지만 앞서 언급한 금융종사자처럼 직접적으로 타격을 입지는 않습니다. 직접 보험을 설계해 제시하는 경우보다 회사에서 구성한 하나의 안을 소개하는 경우가 많고, 파생상품 역시 최초에 세팅된 상품에 가입시킬 뿐입니다.

물론 이를 가입하는 소비자가 해당 상품에 대해 알고 있다면 본인에게 적합한 것을 취사 선택하겠지만 그런 경우는 거의 없죠. 갑작스러운 타이밍에 들어오는 제안은 맹목적인 신뢰를 거쳐 서명과 가입으로 이어집니다. '은행에서 이야기하는데 설마 무슨 문제가 있겠어'라는 생각은 간혹 큰 피해를 남기곤 합니다.

대표적인 사례가 2019년에 발생한 DLF(Derivative Linked Fund)사태입니다. DLF는 파생결합펀드라고 불리는 금융 상품인데 주가나 금리 등 실물자산의 변화에 따라 수익률이 달라지는 상품이라고 이해하시면 됩니다. 암암리에 은행 창구에서 방문객들에게 판매되고 있던 3년 만기 DLF는 2019년 초유의 손실사태를 일으켰습니다. 무비판적으로 가입했던 소비자들은 많게는 60%대에 달하는 원금 손실을 보고 말았고, 금융 당국 역시 비상이 걸렸습니다.

피해자들에게는 냉정한 현실이지만, 이들이 구제받을 방법은 많지 않습니다. 투자를 의뢰하는 자는 투자 이전에 원금 손실을 감수한다는 걸 동의하기 때문입니다. 누구의 의지로 투자가 시작됐는지는 중요하지 않습니다. 이미 투자를 하겠다고 '서명'을 했다는 사실만 존재할 뿐입니다. 이 사태를 온전히 은행 창구 직원 탓으로 돌릴 수도 없습니다. 정해진 절차에 따라 필요한 내용들을 설명하고 방문자의 서명을 받은 직원이라면 법적인 책임이 없기 때문입니다. 소비자에게 불리할 수 있는 내용을 설명하지 않은 경우가 아니고서야 DLF 가입자들은 현실을 받아들여야 합니다.

DLF 이외에도 다양한 파생상품들이 지금 이 순간에도 은행 창구를 통해 판매되고 있습니다. 그리고 은행을 방문한 이들 중 일부는 알지도 못하는 금융 상품에 돈을 넣습니다. 물론 이 사태가 유독 손실률이 커서 더 부각되기도 했습니다. 이전에 다른 상품들을 통해 수익을 본 사람들도 쉽게 찾아볼 수 있으니까요. 그렇지만 어떠한 지식도 없이 가입한 뒤 거둬들인 수익은 그저 '운'이 좋았을 뿐입니다. 재테크는 운에 기대서 하는 도박이 아닙니다. 지식과 노하우를 기반으로 하는 싸움입니다.

금융 상품 중에서 악의적으로 소비자에게 피해를 끼치기 위해 존재하는 상품은 없습니다. 금융감독원의 감독하에 출시되기 때문입니다. 자신의 목적과 상황에 맞게 적절히 선택한 금융 상품들은 내게 이익이 되도록 운용할 수 있습니다. 그렇지만 무지와 맹목적인 신뢰로 가볍게 접근한다면 DLF 사태의 피해자가 다른 사람이 아닌 나 자신이 될 수 있다는 점을 명심하기 바랍니다.

어린 자녀를 둔 부모님들께선 항상 '모르는 사람 따라가지 말라'고 하십니다. 자신의 상황을 모르는 누군가가 웃으며 건네는 단순한 말 한마디에 쉽게 넘어가지 마세요.

저축은행에 대한 오해와 상호금융

오해와 편견만큼 사람을 바보로 만드는 일은 없습니다. 세상을 단편적으로만 바라보기 때문입니다. 이들은 그렇지 않은 사람보다 선택지가 적으며, 그렇기 때문에 올바르거나 효율적인 선택을 할 확률도 적어집니다. 선입견과 편견도 부를 축적하는 데 도움이 되지 않습니다. 돈이 사랑꾼이라고는 하지만 그 사랑은 감성적인 사랑이 아닌 이성적인 사랑입니다. 항상 이성적으로 접근해야만 유리한 고지를 점할 수 있습니다. 오해를 가장 많이 받는 곳 중 하나가 저축은행입니다. 최근의 DLF 사태처럼 한때 우리나라를 떠들썩하게 했던 일이 저축은행업계에서 벌어졌었기 때문입니다.

2011년 모 저축은행이 파산했습니다. 당시에는 우리가 흔히 알고 있는 '예금자보호'가 적용되지 않았을 때입니다. 다행스럽게도 생각보다 많은 사람이 예치금을 되찾았지만 이 사태로 인해 생긴 편견으로 저축은행은 아직도 외면 받고 있습니다.

그러나 2금융권으로 일컫는 저축은행 상품들은 1금융권보다 소비자에게 유리한 조건이 많습니다. 온라인전용 은행과 각종 앱이 등장하면서 예전만큼 큰 의미는 없지만 저축은행은 4시면 문을 닫는 대개의 1금융권 은행들보다 이용 가능 시간이 깁니다. 물론 요즘에는 늦은 시간까지 영업하는 1금융권 지점이 일부 등장하기는 했지만 통상 2금융권 은행 업무 시간이 더 깁니다.

이것보다 우리에게 중요한 건 상대적으로 1금융권보다 높은 이자를 지급해주는 예·적금 상품이 마련돼 있다는 점입니다. 편견으로 치부하기에는 생각보다 이자 차이가 큽니다. 더군다나 2011년 파산 사태 이후에 5,000만 원까지 원금을 보존해주는 예금자보호가 적용되면서 1금융권 못지 않은 안전성이 확보됐습니다. 이용하지 않을 이유가 없는 셈입니다. 물론 대출에 있어서는 1금융권보다 부담되는 이자율을 적용하고 있지만 단기간에 적은 금액을 예·적금으로 활용하겠다면 결코 나쁘지 않은 선택지가 될 겁니다.

하지만 어디선가 들려오는 불안감에 그만 이 선택지를 고려조차 하지 않는 경우가 대다수죠. 합리적인 돈 관리를 위해서 적어도 선택지에는 포함시켜보시기 바랍니다. 한번쯤 저축은행 지점이 어디에 위치해 있나 살펴보세요. 신기하게도 저축은행 대부분 지점은 '돈 많은 곳'에 자리 잡고 있습니다. 생각보다 많은 자산가가 이용하고 있을 만큼 예전과 지금의 저축은행은 사뭇 다릅니다.

저축은행이 일련의 사태로 외면 받고 있다면 상호금융은 익숙하지 않다는 이유로 이용하지 않는 경우가 많습니다. 상호금융은 오래전 조상들이 꾸렸던 계, 두레와 같이 지역단위로 자본을 꾸려가는 시스템입니다. 단위 지역 가입자들에게 출자한 자본을 바탕으로 운영합니다. 가입조건도 '기준 지역에 거주하는 사람'들에 한하고 있습니다. 지점 역시 금융사별로, 동과 같은 행정구역별로 한 군데씩 존재하고 있습니다.

우리가 쉽게 접하는 상호금융에는 농·수협, 신협, 새마을금고 등이 있습니다. 은행을 이용하는 데 있어서 상호금융이 갖는 대표적인 장점은 바로 '비과세'입니다. 많이 접하는 금융용어 중 하나인 비과세는 특정 조건을 만족할 시 우리가 지급하는 이자소득세를 면제해주는 혜택입니다.

일반적으로 은행 예·적금을 이용해 받게 되는 이자는 15.4%의 세금을 내고 수령합니다. 이자를 많이 주지도 않는데 이자소득세까지 떼고 나면 남는 게 얼마 없겠죠? 그래서 많은 사람이 비과세 혜택을 주는 상품을 가입하려 하는데 1금융권에서는 재형저축, 개인종합자산관리계좌(ISA)와 같이 정책적으로 출시되는 상품 외에는 찾아보기 어렵습니다. 그 한도나 혜택 역시 제한적이고요. 만약 이런 정책적 상품 외에 여러분이 비과세 상품을 은행에서 가입했다면 그것은 방카슈랑스일 확률이 높습니다.

이에 반해 상호금융에서는 3,000만 원 한도의 비과세가 항시 적용되고 있습니다. 물론 농어촌특별세 1.4%를 제하긴 하지만 금액적으로도 넉넉하고 정책상품들에 비해 시기적으로 제한이 없기 때문에 나름의 매력을 가지고 있습니다. 물론 저는 사회초년생이 1,000만 원 단위 이상을 예·적금 통장에 쌓아두는 걸 지양하는 편이지만 여건이나 상황에 적합하다면 이들 금융사를 이용해보는 것도 고려해보시기 바랍니다.

이렇듯 우리가 보지 못하고 있던 금융사에서도 우리에게 도움이 되는 상품들이 존재하기 마련입니다. 편견이나 무지로 선택지를 줄이지 마세요. 살펴보면 우리에게 이로운 포인트를 찾을 수 있습니다.

올바른 은행 사용 설명서

　　은행은 효율적이진 않지만 한 번은 거쳐야 하는 관문이고, 대다수의 청년이 훗날 자기 명의의 집을 마련하기 위해서는 필수적으로 접해야 하는 금융기관입니다. 최대한 슬기롭게 활용하는 게 현명한 재테크의 첫걸음이라고 할 수 있습니다.

　　충분히 강조했지만 은행을 통해서 돈을 불리는 건 한계가 있습니다. 그렇기 때문에 이제 남들보다 유리하게 '대출'을 받는 방법을 안내하고자 합니다. 은행을 통해 최고의 수익을 얻는 길은 가장 저렴한 금리로 대출을 받는 데에 있습니다.

살면서 한 번은 대출의 벽을 넘어야 합니다. 아무리 효율적이지 않다 하더라도 가장 저렴한 금리로 대출을 받을 수 있는 곳이 1금융권이라는 건 부인할 수 없는 사실입니다. 앞으로 은행을 바라볼 때에는 미래 특정한 시점에 대출을 받기 위해 공을 들이는 곳이라고 인식하셔도 좋습니다. 그만큼 은행에서 우리가 취할 수 있는 핵심이 최저 금리로 최적의 대출 계약을 맺는 것입니다.

대출 금리에 영향을 미치는 요소는 다양합니다. 본인의 직업과 소득 수준, 신용점수, 신용 이외의 담보로 잡는 대상의 가치 등등 다양한 요소가 '우대 금리'를 이끌어냅니다. 우대 금리가 적용되는 항목이 많을수록 낮은 금리로 대출을 받을 수 있죠. 직업과 소득수준, 담보 가치 등은 우리가 당장의 의지로 컨트롤할 수 없기에 배제하겠습니다. 그 다음으로 언급한 신용점수는 평소 연체를 하지 않는 게 가장 중요합니다. 최소한의 규칙만 지켜도 등급제 기준 3등급~2등급 이상의 신용점수를 유지할 수 있습니다. 2등급만 돼도 상위 10% 수준이기 때문에 대출 협의 시 큰 제약이 없습니다.

이 외에 주목해야 할 부분은 은행 자체적으로 산정하는 개인 등급입니다. 물론 개개인의 신용등급이 큰 비중을 차지하지만, 개인 신용등급과 별개로 각 은행에서 산정하는 고객별 이용등급도 챙겨야 할 부분입니다. 내 등급이 높으면 유리한 조건으로 협상 가능합니다.

은행별로 다소 차이는 있지만 자사 청약통장의 유무, 카드 이용실적, 계열사 주식계좌 보유 등이 개인별 등급을 산정하는 요소입니다. 그렇기 때문에 가능하면 한 은행을 집중적으로 이용하는 게 유리합니다. A은행을 주거래 은행으로 지정 (월급 통장 개설)한 다음에는 오로지 이 은행의 모든 상품을 다루겠다는 마음가짐으로 집요하게 자신에게 적합한 상품을 찾습니다. 해당 은행 청약통장을 개설하고, A은행 체크카드로 각종 고정비용을 지출하도록 합시다. 보유 잔고와 더불어 체크카드 사용액은 은행에서 주로 보는 잣대 중 하나입니다. 여러 장의 카드를 사용하는 건 관리도 복잡할 뿐만 아니라 소비만 부추기는 꼴입니다. 한 카드, 한 계좌를 집중적으로 활용하시기 바랍니다.

월급계좌를 관리하는 깔끔한 방법은 소비 비용을 제외한 나머지 금액을 자동이체시키는 것입니다. 자동이체 대상이 다른 적금 통장이든, 투자 계좌든, 비상자금 계좌든 소비에 필요한 금액을 제외한 전부를 월급일에 맞춰 일제히 빠져나가도록 설정하세요. 월급계좌에 남아 있는 금액은 A은행 체크카드로 소비하고, 각종 공과금도 월급계좌에서 지불되도록 지정합니다. 공과금을 자동이체하면 할인 혜택을 받을 수도 있으며, 이 역시 개인 등급에 긍정적으로 작용합니다.

구분		항목	기준	단위점수	최고평점
KB 국민은행	상품 거래 실적	총예금 평균잔액 (이하 평잔)	입출금예금평잔(MMDA제외)	10만원당 10점	제한없음
			신탁, 투신(MMF제외), 방카슈랑스 평잔	10만원당 6점	제한없음
			예금평잔(가계, 기업)	10만원당 4점	제한없음
		총대출평잔	대출평잔(가계, 기업)	10만원당 3점	제한없음
		외환거래실적	환전, 송금, T/C매도, 외화수표 매입	10만원당 1점	800점
	기타 거래 실적	급여(연금) 이체 건수	최근 3개월 이내 2개월 이상 이체할 경우	300점	300점
		주거래 이체건수	최근 3개월간 1개월 이상 각각 KB카드결제, 아파트관리비, 공과금, 가맹점 이체 한 경우	이체시 항목당 20점	80점
		거래기간 개월수	최초 거래일 기준 당행 거래년수	1년당 10점	300점
		상품군개수	입출금, 적립식, 거치식, 청약, 신탁, 투신, 방카슈랑스, 대출, 무역외거래, 인터넷뱅킹 (10개 항목)	상품군 1개당 25점	250점
KB증권		주식평가금액(예수금 포함)		10만원당 2점	제한없음
		주식, 선물, 옵션(해외포함) 약정금액		10만원당 5점	
		펀드, ELS 평잔(MMF 제외)		10만원당 6점	
		펀드 외 기타 상품 평잔(MMF 포함)		10만원당 4점	
		신용대출, 예탁증권담보대출, 매도자금담보대출 평잔		10만원당 10점	
KB손해보험		보장성 보험(정상계약)의 총납입 보험료		10만원당 1~10점 (기간별 차등)	제한없음
		저축성 보험(정상계약)의 총납입 보험료		100만원당 1점	
		보험계약 대출 평잔		10만원당 3점	
		거래상품군 개수(자동차보험, 장기보험, 퇴직연금, 보험계약 대출)		건당 10점	50점
KB국민카드		KB국민카드 신용구매 결제금액(KB국민비씨카드 포함)		10만원당 6점	제한없음
		KB국민체크카드 결제금액		10만원당 3점	
		단기/장기카드대출(현금서비스/카드론) 평잔		10만원당 6점	
KB생명		보장성 보험(정상계약)의 총납입보험료		10만원당 6점	제한없음
		저축성 보험(정상계약)의 총납입보험료		10만원당 2점	
		보험계약대출평잔		10만원당 3점	

은행별 개인 신용등급 산정 요소 예시

3. 두 가지만 알면 기초자산이 내 손에

비용에 큰 차이가 없다면 A은행에서 판매하는 A보험사 실손의료비보험을 드는 것도 좋습니다. 보험 파트에서 자세히 다루겠지만 약관에 따라 지급에 차이가 있는 다른 보장성 보험과 다르게 실손의료비보험은 회사별로 보장받는 데에 큰 차이가 없습니다. 과도하게 보험료 차이가 나지 않는다면 같은 계열사 실손의료비보험을 가입하시면 은행 등급 향상에 도움이 됩니다.

또한 전문적으로 주식 투자를 하시는 분이 아니라면 해당 은행과 동일한 계열사의 증권사 계좌를 운용하시기 바랍니다. 전업으로 주식을 선택하시거나 전문적으로 투자에 임하는 사람들은 수수료나 신용 거래 가능 정도를 선택의 기준으로 삼지만 초보 투자자에게는 주 고려 대상이 아닙니다. 최근의 은행들은 종합금융사 형태로 운영되고 있기 때문에 대부분 증권사를 끼고 있습니다. CMA나 실제 주식 거래를 위한 주식 계좌가 필요할 경우 주거래은행과 연계된 증권사를 선택하세요.

청약통장과 풍차돌리기

이번에는 은행에서 필수적으로 이용해야 하는 청약통장과 적금의 대표적인 노하우 중 하나인 풍차돌리기에 대해 살펴보겠습니다.

월급을 막 받은 사람이 은행에서 거의 의무적으로 가입하는 게 자유입출금통장(월급계좌)과 주택청약통장입니다. 주택청약통장은 통상 새로 지은 아파트에 입주하기 위해 필수적으로 갖춰야 하는 통장입니다. 대부분이 일찍부터 청약통장을 가지고 있는 이유는 가입 기간이 '청약 가점'을 손쉽게 얻는 수단이기 때문입니다.

신축 아파트에 입주하기 위해서는 청약이라는 과정을 거칩니다. 이 청약에서 당첨이 된다면 해당 아파트에 입주를 할 수 있죠. 청약에 당첨될 확률을 높이기 위해서는 다른 경쟁자보다 많은 가점을 얻어야 합니다.

청약 가점은 무주택 기간(0~32점, 최대 15년), 부양가족수(0~35점, 최대 6명), 청약통장 가입기간(0~17점, 최대 15년)으로 구성됩니다. 무주택기간이나 부양가족은 특정한 노력이 필요하나 청약통장 가입기간은 큰 공을 들이지 않아도 달성할 수 있는 가점입니다.

대부분이 별다른 생각 없이 매월 10만 원씩 청약통장에 입금을 합니다. 하지만 본인이 경제적 여력이 크지 않다면 굳이 큰 금액을 넣을 필요는 없습니다. 보통 예금보다는 높은 이자를 지급하지만 이 역시 은행 상품입니다. 많이 넣는 게 중요한 게 아니라 얼마나 오래 통장을 유지했는가가 우선입니다.

민영이냐 공영주택이냐, 청약 대상 아파트 평수가 어떻게 되느냐에 따라 청약통장에 보유하고 있어야 하는 액수가 다른데 이는 청약 전에 한 번에 채워두면 됩니다. 그렇기 때문에 청약통장은 기간에 초점을 맞춰 운용하세요.

청약통장과 더불어 가장 많이 이용하는 적금통장은 오래전부터 서민의 친구였기 때문에 효율적으로 활용하는 방법들도 연구됐습니다. 그렇게 등장한 유명한 방식 중 하나가 '풍차돌리기'입니다. 매월 1개의 통장을 가입해 총 12개의 통장을 운용하는 것으로 1년이 지난 뒤에는 매월 만기가 도래한다는 기쁨을 누릴 수 있고, 한 개의 적금통장을 이용하는 것보다 약간의 이자를 더 수령할 수 있다는 장점이 있습니다.

하지만 현실적으로 풍차돌리기는 효율적이지 못합니다. 우선 정부의 정책 강화로 여러 은행에 통장을 만드는 과정이 복잡해졌습니다. 무조건 통장을 개설해주던 과거와 달리 은행과 거래를 시작할 때 취업증명서와 같은 서류를 제출해야 합니다. 대포통장으로 인한 금융사고 등을 막기 위해 한 개인이 다수의 통장을 만드는 게 제한되고 있어 번거롭습니다.

이런 절차가 없더라도 여러 개의 통장을 만들어야 하는 것 자체가 합리적이지 않습니다. 물론 요즘은 앱으로도 계좌 개설이 가능하지만 예금 계좌가 없다면 적금통장을 만드는 데 제한이 있습니다. 여러 은행을 이용하는 것은 까다롭고 번거

롭습니다. 더 중요한 점은 앞서 다룬 개별 은행의 등급 산정에
도 방해가 됩니다. 한 은행에서 꾸준히 실적을 누적해야 하는
데 여러 은행의 적금 통장을 운용하는 건 바람직하지 않겠죠.

조금이라도 더 이자를 받고자하는 마음으로 찾아낸 방식이
겠지만 저는 그러한 노력을 투자 공부로 전환했으면 합니다.
은행에서 주는 한정된 이자를 조금 더 받는다한들 여러 노하
우를 바탕으로 한 투자 수익률에 미치지 못합니다. 여러 개의
적금 통장을 관리하고자 신경 쓰는 대신에 다양한 신문 기사
를 읽으시는 게 장기적으로 훨씬 도움이 됩니다.

적금 들 땐 0.1%라도 높은 곳으로!

은행이 돈을 불리는 데에는 적합하지 않지만, 자본 운
용이 익숙하지 않은 이들은 필연적으로 은행 예·적금 상품을
이용할 수밖에 없습니다. 다른 수단에 대한 두려움이 크기 때
문에 상대적으로 안정적인(원금 손실이 없는) 은행을 찾기 마
련입니다. 여기에서는 0.1%의 수치가 얼마나 큰 지를 강조하
고자 합니다.

대부분의 은행 상품은 단리(투입되는 원금에 지급되는 이자)
방식으로 이자를 지급합니다. 하지만 간혹 복리(원금뿐 아니라

원금에 붙은 이자에도 이자를 지급하는 방식) 상품이 등장해 많은 관심을 끄는데요. 단리 상품보다 높은 이자를 수령할 수 있기 때문입니다.

단리일 경우는 체감이 덜 되지만 복리라면 0.1%가 엄청난 차이를 만듭니다. 사소하게 여길 수 있는 아주 작은 수치지만 쌓이고 쌓이면 무시할 수 없는 결과물가 나타납니다. 이 차이는 포털사이트에서 금리계산기를 통해 쉽게 확인할 수 있습니다. 매년 10만 원씩 5년간 2% 이율의 적금을 들면 25만 8,030원(세전이자-이자과세)의 이자를 받습니다. 같은 기준으로 이율이 0.5%가 늘면 32만 2,537원으로 6만 원 이상 늘어납니다. 기간이 길어지고 운용하는 금액의 단위가 달라진다면 엄청난 차이가 나겠죠?

앞으로 저축·투자를 할 때에는 조금이라도 높은 이자를 주는 상품을 찾아 소중한 내 돈을 투입하려는 노력을 꾸준하게 해야 합니다. 사소한 차이가 쌓이면 무시할 수 없는 격차를 남깁니다.

일과 시간에 은행을 갈 시간조차 없는데 모든 시중 은행을 이 잡듯이 뒤져가며 더 높은 금리의 적금을 찾아야 할까요? 현실적으로 불가능하고 그럴 필요도 없습니다. 불가능한 이유는 은행마다, 시기마다 적용되는 금리가 다르다는 점입니다. 특히나 농·수협이나 새마을금고 등과 같은 상호금융은 지역마다 금리가 다른 경우도 심심치 않게 볼 수 있습니다. 그리고 직접 움직일 필요가 없는 이유는 우리가 IT 강국 대한민국에 살고 있기 때문입니다.

'전국은행연합회 소비자포털'에 접속하시면 은행을 이용하는 데 필요한 다양한 정보를 한 눈에 살펴볼 수 있습니다. 기본적으로 시중 1금융권 은행들의 예·적금 금리가 현재 어떤지 살펴볼 수 있습니다. 예·적금으로 예를 들었지만, 대출금리도 마찬가지로 상세히 정리가 돼 있습니다.

더불어 휴면계좌 역시 조회할 수 있습니다. 자투리 돈일 수도 있지만 생각보다 많은 현금이 이용하지 않는 통장에 들어 있을 수 있습니다. 휴면 계좌를 조회해 오랜 기간 쓰지 않았던 통장을 정리하면서 적은 돈이라도 허투루 두지 맙시다.

 **은행 대출과 기준금리**

      은행을 이용할 때(특히 대출을 받아야 할 때) 가장 크게 영향을 미치는 요소가 바로 '기준금리'입니다. 하지만 대출뿐 아니라 재테크 전반에 있어 기준금리는 엄청난 영향을 미칩니다. 기준금리가 오르고 내리는 상황에 맞게 대응하며 재테크 방식에 변화를 주는 게 기초적인 재테크 노하우 중 하나입니다.

      우리는 신문이나 뉴스를 주의 깊게 보지 않습니다. 특히나 매달 언급되는 기준금리와 같은 경제 소식은 더욱 멀게만 느껴집니다. 그러나 돈을 다루고자 한다면 최소한 기준금리가 무엇이고, 이 개념이 경제에 어떤 영향을 미치는지를 알고 있어야 합니다.

사전적인 의미의 기준금리는 돈을 융통해주는 과정에서 발생하는 이자를 정하는 기준이라고 할 수 있습니다. 특정한 기준이 없이 금융기관마다 제멋대로 금리를 책정한다면 시장에 혼란이 올 수 있겠죠? 그래서 그 중심을 잡아주는 게 한국은행에서 매월 지정하는 기준금리입니다.

은행으로 한정한다면 은행에서 지급하는 예·적금, 대출 이자는 기준금리에 근거해 설정합니다. 기준금리가 높아진다면 이에 대한 영향으로 은행에서 지급하거나 수령하는 이자율을 높게 책정할 수 있습니다. 반대로 기준금리가 하락한다면 이자율은 낮아지게 됩니다.

은행이 효율이 떨어진다고는 하나 대출을 할 때만큼은 기준금리 동향을 면밀히 살펴보는 게 중요합니다. 대개 은행 대출은 집을 구입할 때처럼 큰 규모의 자금을 융통하는 경우에 이용하기 때문입니다. 액수가 큰 만큼 0.01%의 금리 차이에도 엄청난 이자 차이를 보입니다. 이렇게 대출을 받을 때가 아니라면 기준금리에 관심 두지 않기 쉽습니다.

하지만 기준금리의 변화는 기관·전문 투자그룹 등을 필두로 한 거대한 투자 자금 이동에 직접적인 영향을 미치고, 이로 인해 '돈이 벌리는 시장'도 바뀝니다. 재테크 초보들에게는 자본이 더 많은 시장에 투자를 하는 게 손해를 볼 확률을 줄일 수 있는 방법입니다. 재테크를 하겠다고 마음먹었다면 매월 한국은행에서 발표하는 기준금리를 유심히 보셔야 합니다.

선진국일수록 낮아지는 기준금리

과거 우리나라 은행들은 20% 이상의 이자를 지급해줬습니다. 제가 어릴 적 처음 은행을 이용할 때만 해도 10%가 넘는 엄청난 이율을 책정해줬습니다. 골치 아프게 원금 손실이 우려되는 다른 투자 방법을 고민하는 것보다 은행에 맡겨두는 게 마음 편하고 효율적인 재테크 방식이었던 때였습니다.

그렇지만 우리나라 경제 수준이 높아짐에 따라 어느덧 저금리 시대를 맞았죠. 2019년 말 역대 최저치인 1.25%로 기준금리가 낮아진 건 주목할 만한 뉴스였습니다. 앞서 언급했지만 은행은 재테크 기관으로의 매력을 상실했습니다.

과거에 이렇게 이자를 높게 지급해준 이유는 정부와 기업에 현금이 많이 요구됐기 때문입니다. 개발도상국 수준이었던 대한민국 입장에서는 사회 전반적으로 인프라를 확충하거나 복지를 증진시키기 위해 투입해야 할 자본이 많을 수밖에 없었습니다. 기업 역시 여기에 발맞춰서 혁신과 발전을 기했습니다. R&D를 비롯한 사업 역량을 키우기 위해 자본이 필요했고, 큰 금액을 융통하기 위해서는 은행 대출을 이용해야 했습니다.

이러한 필연적인 상황에 대처하기 위해서는 민간자본을 끌어들일 수밖에 없습니다. 민간자본이 시중에 유통돼야 나라나 기업이 보다 수월한 환경에서 운영을 할 수 있기 때문입니다. 결국 우리가 가지고 있는 현금(민간자본)을 은행으로 모아 재배분하기 위해 기준금리를 높이게 됩니다. 돈이 시장에서 돌지 않고 누군가가 수중에 꼭 쥐고 있다면 한국은행은 신권을 기존에 발행하던 수준 이상으로 찍어내야 하는데 그 역시 비용이 발생하므로 상책은 아닙니다. 발행되는 통화가 급격히 증가하면 거기에서 추가적인 문제도 발생합니다. 그렇기 때문에 우선적으로 기준금리를 조정하곤 합니다. 현재 대다수 개발도상국이 우리나라보다 큰 이자를 지급하고 있는 것도 같은 맥락입니다.

이렇듯 사회가 처한 다양한 상황을 판단해 한국은행은 매월 기준금리를 정합니다. 급격하게 오르내리기보다는 동결되는 경우가 일반적이긴 하지만 오르거나 내릴 때에는 그만한 이유가 있습니다. 그 이유를 파악해나가는 일련의 과정은 효과적인 재테크를 위한 선행과제입니다.

기준금리에 영향을 받는 '국채'

기준금리가 변동이 생기면 가장 먼저 영향을 받는 것 중 하나가 국채입니다. 채권이라는 단어는 많이 들어보셨을 겁니다. 채권은 채무자와 채권자라는 이해관계자가 둘러싸고 있습니다. 돈을 빌려주는 채권자는 돈을 빌리는 채무자에게 이자(혹은 수익)를 지급받을 권리를 가지는데 이를 채권이라고 합니다.

기업이 돈을 융통할 경우에는 '사채', 국가가 외부에서 현금 등을 수급할 경우에 '국채'라 부르는 채권을 발행합니다. 기준금리가 변동하면 국채가 우선 영향을 받는데, 이 국채금리가 높은지 낮은지에 따라 엄청난 규모의 돈이 이동합니다.

채권을 통한 투자도 하나의 재테크 방식인데, 큰 자본일수록 채권 투자가 많이 이뤄집니다. 필연적으로 일정 수준의 수익을 거둬야 하는 자본일 경우 분산투자의 개념으로 안정적인 투자처를 택하는데 이를 대표하는 게 채권 투자입니다.

보통 국가보다는 기업이 도산할 확률이 높겠죠? 그렇기 때문에 리스크가 큰 투자에 투입되면 안 되는 자금일수록 사채보다는 국채에 투자하고, 국채에 투자할 때 살펴보는 지표 중 하나가 기준금리입니다. 기준금리가 높아지면 자본을 빌려주고 받게 될 이자가 커질 가능성이 생깁니다. 비슷한 규모의 두 국가에 자본을 빌려준다고 가정했을 때 기준금리가 높은 국가를 선택할 가능성이 높아지는 거죠. 외국 자본이 유입될 가능성이 커지게 됩니다.

2018년 한국과 미국 금리가 역전(미국이 기준금리를 인상하면서 한국보다 상승)된 시기에 우리나라 주식시장이 폭락한 대표적인 이유도 여기에 있습니다. 미국은 한국보다 선진국이기에 통상 기준금리가 더 낮았습니다. 하지만 전략적으로 미국이 금리를 인상하면서 한국보다 기준금리가 높아진 거죠.

여러분이 투자자라면 한국과 미국 중 어디에 투자하시겠습니까? 덩치가 훨씬 크고 이자도 더 많이 주는 미국에 투자하는 건 당연한 선택입니다. 이로 인해 당시에 국내에 투입돼있던 자본 상당수가 순식간에 빠져나갔습니다. 그 영향으로 주식 시장 역시 큰 타격을 받았습니다.

이 기류를 예측하지 못했던 국내의 많은 투자자들이 큰 손실을 받았고, 엎친 데 덮친 격으로 미국과 중국의 무역분쟁이 장기화됨에 따라 투자금이 의도치 않게 묶여버렸습니다. 한동안 어찌할 수 없는 돈이 돼버린 거죠. 이렇듯 기준금리의 변화는 재테크에 직접적인 영향을 주는 요소로 작용합니다.

국내 투자 흐름을 읽는 잣대

기준금리의 등락은 거대한 투자자본이 향후 어떻게 움직일지 가늠하는 힌트로 작용하기도 합니다. 주식이든 부동산이든 어떠한 투자 환경에도 거대 자본(투자세력)은 항상 존재합니다. 일반인들이 효율적인 투자처를 고민하듯 이들 역시 매 순간 보다 높은 수익을 올리기 위해 모든 '신호'를 예의주시합니다.

나름 '고수' 반열에 오른 주식투자자들은 해외 투자자본이나 기관의 자금이 어디에 투입되는지 살펴보곤 하는데요. 그이유 중 하나는 큰돈이 있는 데에서 큰 수익이 날 확률이 높기때문입니다. 재테크를 하는 데 있어서도 이들 자본의 흔적을 추적·분석하는 과정이 필요합니다. 좀 더 확실한 수익을 얻기위해서 말이죠.

하지만 옆자리에 앉은 사람이 지금 이 순간 어떤 생각을 가지고 있는지도 모르는데 어떻게 얼굴조차 모르는 전문 투자자나 기관의 생각을 읽을 수 있을까요? 당연히 이는 불가능합니다. 그들과 함께 일하고 있거나 내부 정보를 얻을 수 있는상황이 아니라면 말이죠. 그렇기 때문에 각종 신호를 통해 우리는 이를 예측하고 그들과 비슷한 호흡으로 투자를 진행하곤 합니다.

그 신호 중 하나가 바로 기준금리입니다. 일반인들이 금리가 좀 더 저렴할 때 집을 구매하려는 것처럼 거대 자본 역시 이 시기를 적극 활용합니다. 투자 시기야 다를 수 있지만 금리가 높을 때보다 금리가 낮을 때 전문 투자자들 역시 부동산담보대출 등을 활용해 투자하려는 경향이 큽니다. 금리가 낮아지면 부동산 시장으로 자본이 몰릴 확률이 높아진다는 의미입니다.

만약 금리가 높아져 부동산 투자가 어려워진다면 거대 자본들은 투자의 양대 산맥인 주식시장으로 눈을 돌립니다. 여기에 더해 미국보다 한국의 기준금리가 높다면 외국 자본이 국내 주식시장에 투자할 확률이 커집니다. 국내 투자자본 역시 여기에 맞장구를 칠 가능성이 커지죠.

전문 투자자들이 활용하는 고급 정보를 얻을 수 없는 우리들은 이런 흐름을 짚어내는 게 중요합니다. 매달 변화하는 기준금리가 투자시장에 실질적으로 어떻게 영향을 미치는지 바라보고, 특정 신호가 포착됐을 때 어떤 방식으로 맞받아칠 것인지를 익히면 다양한 상황에서 수익을 낼 수 있는 기본 소양이 체득됩니다.

찾는 길이 험난한 보물, 보험

어릴 적 접하는 동화 중에는 보물을 찾아 떠나는 이야기가 많습니다. 많은 우여곡절 끝에 보물을 찾는 주인공들은 행복한 결말을 맞습니다. 어떤 형태의 보물이든 그 과정이 험난할수록 손에 쥐었을 때 더 의미 있죠. 이런 이야기 속 주인공처럼 우리도 수없이 보험을 가입하고 해지합니다. 해지하는 과정에서 금전적으로 피해를 보기까지 하면 그 길을 걷는 순간순간은 더욱 가슴 아플 수밖에 없습니다.

그렇지만 관련된 배경지식이 없는 터라 보물이라 부를 만한 보험을 만나기가 여간 힘든 게 아닙니다. 손해를 보지 않으면 다행이라는 인식만 커져갑니다. 이와 같은 생각이 만연해지면서 우리 일생에 필요함에도 보험을 가입하기 주저하는 상황까지 맞게 됩니다.

이번에는 보험이라는 상품을 온전히 이해하고, 우리 사회에서 보험이 가지는 의의를 살펴보려고 합니다. 더 나아가 보험을 가입하기 위한 최소한의 기준까지 제시하도록 하겠습니다.

설계사 따라 우왕좌왕하는 보험

모든 금융거래와 투자는 무조건 이성적으로 해야 합니다. 결코 충동적으로 행동하면 안 됩니다. 다시 한 번 강조하지만 돈은 이성적 사랑을 원합니다.

유독 보험은 감성적으로 마주하게 됩니다. '지인'을 통해서 가입하는 경우가 일반적이기 때문입니다. 대부분 소비자들이 '하나 해주자'는 생각으로 보험을 가입합니다.

다른 금융 거래라면 조금 더 집중해서 설명을 듣겠지만 보험 거래를 할 때에는 보통 지인이 설명해주기 때문에 큰 주의를 기울이지 않습니다. 막연하게 알고 활용하려다보면 보험금을 수령하지 못해 문제가 생깁니다.

안타까운 건 이런 사례들 때문에 보험이라는 상품 자체를 부정적으로 바라보게 되었다는 겁니다. 어쩌면 보험은 이 시대에 가장 중요한 자산 중에 하나입니다. 제대로 된 보험 하나쯤은 필수적으로 가지고 있어야 합니다. 그럼에도 지인을 돕는다는 마음으로 어떤 상품인지 인지하지도 못한 채 가입하는 경우가 대부분입니다. 지인을 통해 보험을 가입하는 경우가 일반적인 이유는 뭘까요?

우선 활동하고 있는 보험설계사 수가 상당히 많습니다. 금융감독원에 따르면 2018년 보험설계사 수는 35만 명을 넘어섰습니다. 그중에는 설계사로 등록만 하고 활동하지 않는 사람들도 있지만 무시할 수 없는 숫자입니다. 커피숍에 몇 시간만 앉아 있어도 보험 상품을 설명하는 설계사 한두 명은 쉽게 마주칩니다.

또한 보험설계사는 진입 장벽이 없습니다. 어렵지 않은 생명보험이나 손해보험 설계사 시험에 합격만 하면 누구나 보험설계사가 될 수 있습니다. 남녀노소 불문하고 많은 설계사가 존재하는 이유입니다. 각 설계사는 영업이라는 활동을 거쳐 수익을 창출합니다. 이들이 월급을 수령하기 위해서는 영업망을 늘려야 하는데 그 시작을 '지인 영업'으로 합니다. 저역시 보험설계사를 하면서 금융업에 뛰어들었고 주변 지인들을 먼저 만났습니다.

누군가를 가입시켜야만 소득이 발생하는 수익구조상 사람을 만나야 하는데, 이왕이면 아는 사람들을 먼저 만나겠죠. 수십만 설계사가 지인들을 통해 소득을 창출하려고 하다 보니 우리는 자연스럽게 지인에게 보험을 가입하게 됩니다.

물론 '양심적'으로 설계된 보험을 든다면 문제가 없습니다. 가입자에게 필요가 있으면서 설계사에게도 도움이 되는 상품을 가입하는 일석이조의 일이니까요. 하지만 이게 참 쉽지가 않습니다. 설계사들이 벌어들이는 소득은 기본적으로 계약자가 매월 내는 월납 보험료에 기인합니다. 보험료가 높을수록 본인이 버는 돈이 많아집니다.

이 욕구를 통제하지 못하는 설계사들이 있다 보니 불필요한 특약이나 적립금 등이 얹어져 필요 이상의 보험료를 내는 경우가 종종 발생합니다. 이들은 가입 목적에 적합하지 않게 사업비가 높은 상품을 권하기도 합니다. 더 나아가 해지시켜서는 안 되는 보험을 해지시켜 또 다른 손해를 불러일으키기도 합니다. 보장이 훨씬 탄탄한 보험임을 알면서도 해지시켜 소비자에게 피해를 입히는 경우에 해당합니다.

한 개인이 보험에 투입할 수 있는 자본은 한정적입니다. 설계사 입장에서는 본인이 속한 보험사의 상품을 팔아야 돈을 법니다. 본인이 만난 사람이 더 이상 보험에 가입할 여유가 없을 경우 몰지각한 일부 설계사들은 무조건적으로 기존 보험을 해지시키고 가입 여력을 확보합니다. 사라져야 할 영업행태지만 여기저기서 간혹 벌어지고 있는 일입니다.

보험설계사가 워낙 많다보니 또 다른 설계사가 자신의 보험이 잘못 설계됐거나 기존 보험을 잘못 해지했다고 알려주기도 합니다. 그렇게 되면 이전에 가입시켜준 설계사와 다툼이 생기고 덩달아 보험에 편견을 가지게 됩니다.

그렇지만 자산관리에 있어 큰 몫을 담당하고 있고, 무조건적으로 갖춰야할 우리의 무기 중 하나가 보험임은 변하지 않는 사실입니다. 그렇기에 익숙하지만 낯선 보험을 올바로 이해하고 가입하는 노하우를 소개하고자 합니다.

모든 문제를 관통하는 '사업비'

보장성 보험이나 재테크를 위해 가입하는 저축성 보험 모두에서 다양한 금융 피해가 발생하는데 이들 모두 공통적으로 사업비가 원인입니다.

우리가 내는 보험료는 순수한 목적의 보험료와 사업비로 나눠 이해할 수 있습니다. 순수한 목적의 보험료란 보장이든 저축이든 그 목적에 맞게 활용되는 보험료입니다. 후자는 설계사의 월급, 광고료를 비롯한 상품 운용에 사용되는 보험료입니다. 순보험료와 사업비의 비율은 고정적이지만 설계사는 어떤 유형의 보험에 가입시키든 조금이라도 보험료가 높을수록 좋습니다. 그에 따라 소득이 커지니까요. 보험료를 높이기 위해 기본적으로는 계약자가 원하지 않는 다양한 특약들을 포함시킵니다. 활용할 가능성이 적은 특약이나 필요 이상의 보장금액을 설정한 특약을 포함시켜 보험료를 올립니다.

손해보험을 가입할 경우에 발견되는 사례로 과도하게 적립금을 책정하는 경우도 있습니다. 손해보험사에서 가입하는 보험들은 적립금을 설정해 만기 시 일부 금액을 환급받을 수 있는데 이 적립금이 소비자에게 결코 유리한 게 아닙니다. 적립금도 보험료이기 때문에 사업비(설계사 추가 수당, 적립금 운용 수수료 등)가 일부 포함되기 때문입니다.

저축성 보험을 가입할 때 추가납입과 중도 인출을 설명하지 않고 가입시키기도 합니다. 저축성 보험은 보장성 보험보다 사업비 비중이 상당히 낮습니다. 설계사 입장에서는 매력이 떨어지기 때문에 엇나갈 확률이 더 높아집니다.

재테크를 위해 저축성 보험을 가입할 때에는 무조건 추가납입이라는 기능을 활용해야 합니다(자세한 활용법은 저축성 보험 파트에서 다루겠습니다). 하지만 이상적으로 추가납입을 병행하려면 월납 보험료를 확 낮춰야 합니다. 부정한 설계사 입장에서는 가뜩이나 수수료가 적은 저축성 보험을 낮은 보험료로 가입시키고 싶지 않겠죠. 그래서 추가납입 여력을 고려하지 않고 월납보험료를 책정합니다. 가장 큰 피해를 보는 사례는 종신보험을 저축성 보험으로 속여 판매하는 겁니다.

보험회사에서 책정하는 사업비는 보험회사가 계약자에게 지급할 확률이 높은 상품이나 특약일수록 높아집니다. 사망 시 사망보험금을 지급하는 종신보험은 사업비가 높기로 손꼽히는 상품입니다. 죽음을 피해갈 수 있는 사람은 없으니까요. 당연히 설계사는 사업비가 높은 종신보험을 팔면 더 큰 소득을 얻을 수 있습니다. 종신보험이라는 상품도 태생적인 목적에 맞게 가입하면 유리하지만 이를 저축이나 연금 목적으로 가입하는 건 부적절합니다.

저축보험이나 연금보험과 같은 저축성 보험은 소비자에게 이자를 지급하기 위해 마련된 상품이기에 저축의 개념으로 활용해도 좋습니다. 그러나 종신보험은 다릅니다. 주 목적이 사망보장입니다. 사망보험금만 지급하던 과거의 종신보험과 달리 저축 기능이나 연금 기능을 넣은 종신보험이 있지만 종신보험은 종신보험입니다. 저축성 보험에 비해 사업비가 과도하게 설정돼 있습니다.

물론 종신보험도 살면서 중요한 역할을 합니다. 여력이 안 된다면 복합적인 기능을 하고 있는 상품을 선택해야 할 수도 있습니다. 그렇지만 부정한 설계사는 본인의 수익을 위해 종신보험을 저축성 보험과 동일시하며 판매합니다. 심지어 종신보험이라는 설명조차도 하지 않는 이들도 있습니다. 이런 영업행태는 금융감독원의 보험 민원사례 중 큰 비중을 차지합니다.

보험에 대한 잘못된 인식 버리기

선입견이 이성적 판단을 해야 하는 재테크에 있어 장애가 된다는 건 이미 말씀드렸습니다. 본격적으로 보험 가입·활용 노하우를 살펴보기 전에 보험과 관련된 몇 가지 잘못된 인식을 알아볼까요?

첫째, '저는 건강해서 보험 필요 없어요'라는 생각입니다. 이는 말도 안 되는 과신입니다. 인간이라는 존재로 태어난 이상 나이가 들면 들수록 몸이 약해질 수밖에 없습니다. 우리 몸은 세포의 생성과 소멸을 반복해가며 살아갑니다. 나이가 들면 체력이 약해지고, 체력이 약해지면 면역력이 떨어집니다. 떨어진 면역력은 세포의 소멸과 재생성에 좋지 않은 영향을 미칩니다. 죽는 그 순간까지 건강하게 사는 사람은 말 그대로 신의 축복을 받은 극소수의 사람입니다. 병마와의 싸움은 인간에게 주어진 필연적인 과정입니다.

이런 과신에 사로잡힌 사람들은 안타까운 상황을 맞곤 합니다. 아무런 생각 없이 정기적으로 실시한 검진에서 이상 신호를 발견하는 거죠. 큰 병인지 아닌지는 모르는 상황이지만 이때 덜컥 겁이나 보험을 가입하고자 합니다.

그러나 이 사람은 해당 질환에 대한 보장을 받을 수 없습니다. 이미 그 신호를 '인지'하고 있기 때문입니다. 보험을 가입하는 계약자는 본인의 건강상태를 거짓 없이 보험회사에 알려야 하는 '고지의 의무'가 있습니다. 만약 이 신호가 질병임이 확실해진다면 보험 가입을 해도 해당 사유로 보험금을 지급받을 수 없습니다. 보험은 건강하고, 경제적으로 여유가 있는 시기에 가입하는 게 가장 효율적입니다.

둘째, '나중에 여유 되면 가입할게요'입니다. 가입한 당장에는 금전적으로 도움이 되지 않는다는 특성 때문에 보험 가입을 미루는 사람도 많습니다. 정말 여력이 없다면 미룰 수밖에 없지만 조금이라도 여유가 있다면 가입을 미루지 마세요. 보험료는 매년 인상됩니다. 이는 금융감독원에서조차 권장하고 있는 사항입니다.

보험료는 물가상승률이나 위험률 등을 고려해 보험회사에서 상승시키기도 하지만 나이가 많을수록 비싸집니다. 그리고 건강상태가 좋지 않아도 보험료는 올라갑니다. 사회초년생이 하나의 보험으로 완벽한 보장을 받기란 불가능합니다. 매월 수십만 원은 소요되니까요. 적은 금액이어도 최소한의 보장자산은 마련해두도록 합시다.

셋째, '보험 들어봤자 손해 아닌가요?' 하는 생각도 많은 사람이 갖고 있습니다. 적절한 보험을 들었음에도 손해를 보는 가장 큰 원인은 중도 해지입니다. 보험이라는 상품 특성상 보통 장기적으로 납입을 해야 하기에 납입 중간에 해지를 하게 되면 손실을 볼 수밖에 없습니다.

계약을 해지하는 이유는 다양합니다. 본인이 원했던 유형의 상품이 아니었을 수도 있고, 당장 현금 여력이 부족해졌을 수도 있습니다. 그렇기 때문에 이성적으로 판단하는 게 보험을 접하는 핵심입니다.

보장이면 보장, 저축이면 저축. 가입하고자 하는 목적이 무엇인지를 정확히 인지하고 최선의 상품을 설계사에게 요구하거나 직접 찾아야 합니다. 대다수 상품이 계약자가 원하는 만큼의 보험료로 설계가 가능합니다. 당연히 보험료가 낮아지면 보장해주는 금액이 줄어들겠지만 자신의 여력 내에서 충분히 가입할 수 있습니다. 여력을 넘어서게 되면 유지하기가 어렵습니다.

생각보다 많은 보험이 이런 실수만 피하면 소비자에게 훨씬 유리하도록 구성돼 있습니다. 가장 많은 사람이 이용하는 실손의료비보험만 놓고 보더라도 보험회사에 적자를 야기하는 상품입니다. 저렴한 가격에 비해 대부분의 병원 치료가 보장되니까요.

모든 금융 상품은 누가 어떻게 이용하는가에 따라 그 가치가 달라집니다. 보험 역시 조금만 사용법을 알고 이용하면 충분히 유리한 상품입니다. 오해를 불식시키고자 하는 이유는 보험이 이 시대에 가장 필요한 금융자산이기 때문입니다. 사회 문제가 우려될 만큼 고령화 속도가 빠른 대한민국에서 보험은 중요한 자산으로 부각되고 있습니다.

보험을 드는 주 목적은 결혼과 같은 특정한 경우를 제외한 사고·질병 등 우리가 살면서 겪는 일들에서 파생되는 거대한 금전적 리스크를 방어하는 데 있습니다. 사고는 나이와 무관하게 벌어질 수 있지만 질병은 은퇴 후 시기에 급격히 잦아듭니다. 소득이 줄어드는 시기에 무방비하게 각종 질병에 노출된다면 파산을 면할 수 없습니다. 갑작스런 사고에 저항할 수 있는 기초체력이 없다면 한 순간에 무너질 수밖에 없습니다. 근거 없는 오해나 편견으로 인해 무방비의 위험에 노출되지 마세요.

보험 가입 시 고려 사항

보험을 가입할 때에는 목적(보장 혹은 저축) 선정과 별개로 다양한 요소를 고려해야 합니다. 예·적금에 비해서는 복잡한 금융 상품입니다.

지금껏 만나왔던 사람들이 묻는 대표적인 질문은 '갱신형과 비갱신형 중 어떤 게 나은가요?'입니다. 정답은 없지만 2030세대에게는 비갱신형이 산술적으로 유리합니다. 갱신형 상품은 보험 보장이 유지되는 만기까지 보험료를 납입해야 합니다. 비갱신형에 비해 최초 납입해야 하는 보험료는 저렴하지만 설정된 갱신주기가 지나면 보험료가 인상됩니다. 특히 보험사가 지급할 확률이 높은 특약들은 생각보다 큰 폭으로 금액이 오릅니다. 말 그대로 지급할 확률이 높기 때문이죠. 30세인 가입자가 80세까지 보장을 받는다고 가정한다면 갱신형이 월등히 많은 금액을 지불하게 됩니다.

갱신형 상품은 주로 연세가 많으신 분이나 질병을 안고 있으신 분들이 가입하는 게 일반적입니다. 납입면제(보험금 지급사유가 발생하면 향후 보험료를 납입하지 않고, 나머지 보장을 유지시켜주는 기능)가 적용되는 갱신형 상품을 가입하고 머지않은 시기에 보험금을 지급받으면 좋겠지만 그럴 확률은 크지 않겠죠.

보장의 만기는 최대한 길게 설정하시기 바랍니다. 요즘에는 거의 100세 만기 상품을 가입하는 추세입니다. 그만큼 기대수명이 늘었기 때문입니다. 예전에는 보험회사들조차 80세 만기가 최대인 상품들을 출시했지만 지금은 100세, 110세까지 보장되는 상품들이 지속적으로 나오고 있습니다. 특히나 기대수명이 100세 이상인 지금의 청년들에게 80세 만기는 너무 짧습니다. 개개인이 가입하는 보험뿐 아니라 결혼 후 자녀를 위해 가입하는 태아 · 어린이 보험 역시 가능하면 100세 만기로 가입하시는 게 자녀에게 훨씬 유리합니다.

대다수의 새내기 부모는 경제적으로 여유가 많지 않아 자녀 보험을 들 때 보장폭을 넓히고 만기를 줄이는 선택을 합니다. 보통 20세~30세 만기인 보험을 가입하는데 이는 합리적인 선택이 아닙니다. 특히 평생 활용할 수 있는 실손의료비보험 만기가 짧다면 자녀가 이 나이가 됐을 때 다시 가입해야 합니다. 실손의료비보험은 통상 매년 4월 개정되면서 보장기능이 떨어지기 때문에 수십 년이 지나 다시 가입하려고 보면 보장폭이 터무니없이 줄어들게 됩니다. 그렇기 때문에 자녀 보험을 가입할 때에도 성인까지 활용 가능한 특약들은 최대한 만기를 늦게 설정해주시기 바랍니다.

저축성 보험 중 연금보험을 가입할 때에도 알아두면 좋은 팁이 있습니다. 연금을 수령하는 기능이 담긴 저축성 보험은

'연금개시일'을 설정할 수 있습니다. 가능하면 80세에 연금을 수령할 수 있게 해달라고 요청하세요. 연금은 늦게 받을수록 소비자에게 유리합니다. 사례를 통해 살펴보겠습니다. 두 명의 30세 동갑내기 친구가 있습니다. 한 명은 빨리 연금을 받기 위해 20년간 월 10만 원씩 납입하고 65세에 연금을 수령하기로 했습니다. 다른 친구는 똑같은 조건으로 납입하고 80세에 수령하기로 했습니다. 두 사람이 납입한 금액은 동일합니다만 연금을 지급받기 전까지 보험사에서 지급해주는 이자가 확연히 차이가 납니다. 후자가 15년간 이자를 더 받기 때문에 연금재원도 훨씬 많이 쌓이게 됩니다. 늦게 받는 만큼 수령하는 금액은 커집니다.

물론 인생이 어떻게 흘러갈지 모르기 때문에 무조건 늦게 받을 필요는 없습니다. 단, 가입 당시에는 최대한 연금을 늦게 수령하도록 설정하세요. 연금개시일은 계약자가 요청하면 언제든지 변경 가능합니다.

마지막으로, 몇 년간 납입하는가도 자주 고려되는 요소입니다. 보험은 대출과 그 성질이 비슷해서 납입기간이 길수록 더 많은 금액을 납입하게 됩니다. 하지만 납입기간이 짧으면 상대적으로 매월 납입해야 하는 금액이 커지게 되겠죠? 그래서 일반적으로는 20년간 납입하도록 설계합니다. 소비자 입장에서 부담 없이 지불할 수 있는 금액대가 설정되기 때문입니다.

　물론 본인의 여력이 충분하다면 납입기간은 짧을수록 좋습
니다. 보장받을 수 있는 금액도 만족스럽고 납입기간을 10년
이나 5년으로 줄여도 충분히 납입할 수 있다면 가능한 한 총
납입기간을 줄이는 게 유리합니다.

내게 꼭 맞는 보장성 보험 찾기

자, 이제 최소한 알아야 할 보험관련 상식이나 가입 요령을 알아봤으니 본격적으로 어떤 보험을 가지고 있어야 하는지에 대해 살펴보겠습니다. 여기에서는 순수한 목적에서의 보험을 안내해드릴 겁니다. 살면서 가지고 있어야 하는 보장성 보험들을 이해하고 잘 가입해 활용하도록 합시다.

무조건 가입해야 하는 보험은 실손의료비보험입니다. 이것조차 안 가지고 있는 사람을 만날 때마다 놀랍니다. 국가에서 운영하는 의료보험과 쌍벽을 이루며 서민 의료비를 책임지는 보험이 바로 '실비'라고 부르는 실손의료비보험입니다. 실비는 만능에 가까울 만큼 큰 폭을 보장해주고 있습니다. 아프거나 다쳐서 병원에 가는 경우라면 모두 보상을 받을 수 있습니다. 젊을 때 가입하면 1만 원대인 이 보험은 치료비가 많이 발생하면 그에 비례해 수백, 수천만 원도 지급해줍니다. 없어서는 안 되는 중요한 자산입니다. 예전에는 한 보험 안에 특약 형식으로 가입이 가능했었지만 2019년 4월부로 개정돼 보험회사마다 실비 상품이 단독으로 마련돼 있습니다.

여기서 주의할 점은 생명보험사와 손해보험사에서 운영하는 실비는 지급 방식이 차이가 있다는 겁니다. 일반적으로 통원치료를 할 때 배정된 금액이 30만 원인데 생명보험사에서는 치료비에 20만 원을, 약제비에 10만 원을 할당합니다. 손해보험사는 통원치료비가 25만 원, 약제비가 5만 원입니다. 병의 정도에 따라서 다르겠지만 일반적인 통원 치료의 경우 약값보다는 치료비가 더 많이 들겠죠? 그래서 저는 보통 손해보험사의 실비를 추천합니다.

실비 다음으로 관심 가져야 하는 보장은 설계사들이 3대 질환이라 부르는 암, 뇌혈관, 심혈관 질환에 대한 진단비입니다. 3개 질병에 대한 보장을 챙겨야 하는 이유는 우리나라 사람들의 사망원인 상위 3순위가 바로 이들 질병이기 때문입니다. 최근 폐렴으로 인한 사망률이 많이 높아지고 있지만 전통

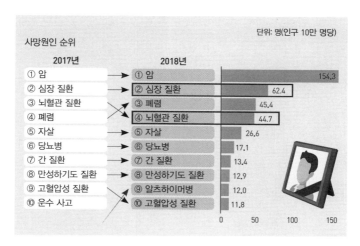

사망원인 순위

단위: 명(인구 10만 명당)

2017년	2018년	
① 암	① 암	154.3
② 심장 질환	② 심장 질환	62.4
③ 뇌혈관 질환	③ 폐렴	45.4
④ 폐렴	④ 뇌혈관 질환	44.7
⑤ 자살	⑤ 자살	26.6
⑥ 당뇨병	⑥ 당뇨병	17.1
⑦ 간 질환	⑦ 간 질환	13.4
⑧ 만성하기도 질환	⑧ 만성하기도 질환	12.9
⑨ 고혈압성 질환	⑨ 알츠하이머병	12.0
⑩ 운수 사고	⑩ 고혈압성 질환	11.8

한국인의 사망원인통계 (2018, 통계청)

적으로 이 3개 질병은 꾸준히 현대인에게 악영향을 주는 질병입니다. 이 질병들은 사망에 직접적인 영향을 미칠 수 있기도 하지만 경우에 따라 치료비도 많이 듭니다. 넉넉한 자산이 없다면 상당히 곤혹스러울 수밖에 없습니다.

실비나 뒤에서 설명할 입원·수술비 특약은 보험금 청구를 할 때 기본적으로 '영수증'을 필요로 합니다. 사전에 내 돈을 지불해야만 이후에 보험회사로부터 보험금을 받을 수 있다는 뜻입니다. 진단비 보장이 필요한 이유가 여기에 있습니다.

3대 질환이 입원이나 수술로 연결될 만큼 중증 질환으로 발견될 경우에 들어가는 비용이 만만치 않습니다. 그렇기 때문에 진단금으로 1차 방어를 하고, 이 후에 발생하는 비용들은 실비나 입원·수술비 특약으로 2차 방어를 해야 합니다.

물론 요즘에는 건강검진 체계가 잘 돼있어 암과 같은 경우에는 초기에 잡아내는 경우도 많지만, 초기라고 해도 치료비가 적게 드는 건 아닙니다. 생명에 큰 지장이 없다고들 하는 갑상선암도 치료법에 따라 1,000만 원 이상 소요되기도 합니다.

3대 질환을 보장받기 위해 고려해야 할 또 다른 요소가 있습니다. 바로 '보장 범위'와 '지급 약관'입니다. '보장 범위'는 당연히 넓을수록 좋겠죠. 암이라는 질병은 종류가 다양합니다. 보험사에서는 이들 암을 크게 고액암, 일반암, 소액암으로 분류합니다. 치료비나 평균 치료기간 등을 고려해 이렇게 분류하는데 우리는 '일반암' 보장폭이 넓은 보험을 가입하는 게 좋습니다.

최근 보험회사에서 주요하게 바라보는 보장이 '대장점막내암'입니다. 건강검진 시 중년층에서 흔히 발견되는 용종·선종 등이 심화되면 대장점막내암으로 커지기도 합니다. 이 대장점막내암을 약관상 일반암으로 인정해주는 보험회사의 암보험을 가입하는 게 유리합니다.

뇌혈관이나 심혈관 질환 역시 보장폭이 넓을수록 좋습니

다. 과거에는 뇌·심혈관 중 대개 급성심근경색이나 뇌출혈만을 보장해줬습니다. 나열된 질환들은 위험한 질환이긴 하지만 뇌·심혈관 질환 중에 발병률이 높지 않습니다. 당연히 보험금을 받을 수 있는 확률이 낮습니다.

다행히 최근 보험회사들이 '허혈성 심장질환', '뇌혈관 질환' 등과 같은 명칭의 특약을 내놓았습니다. 앞선 특약들에 비해 뇌·심혈관 질환 보장폭이 훨씬 넓기 때문에 암보장을 챙기면서 이들 특약도 함께 섞어 가입하시면 됩니다.

혈관 건강이 약해지면서 발생하는 뇌·심혈관 질환과 다르게 암은 나이불문하고 워낙 발병빈도가 높은 질병이기 때문에 '암 입원', '암 수술', '항암치료'와 같은 특약들도 보완해두면 좋습니다.

입원·수술비 특약은 가성비가 좋지 않으나 훗날을 위해 여력이 된다면 가지고 있는 게 좋습니다. 입원비나 수술비는 질병별로도 별도 특약이 있을 만큼 종류가 다양한데, 여기서는 입원비 앞에 다른 질병·사고명이 포함된 특약이 아닌 순수한 '질병입원비'와 '상해입원비', '질병수술비'와 '상해수술비'만 두고 설명하겠습니다. 입원비나 수술비 특약이 가성비가 떨어지는 이유는 지급해주는 비용 대비 보험료가 비싸기 때문입니다. 보통 병원 치료를 받을 때 입원·수술을 경험할 일이 적기도 하고요. 심지어 암조차도 초기에 발견된다면 입원을 오래 하지 않습니다. 그렇지만 무조건적으로 가입해야하는 '실비'가 전 보험사 공통으로 갱신형이라는 점 때문에 입원·수술비 특약이 필요합니다. 초기 비용이 워낙 저렴한 탓에 갱신이 되더라도 실비 유지에 부담이 없지만 매년 갱신이 되다보면 유지하기 어려워지는 상황이 오기도 합니다. 근로소득이 끊기는 은퇴시기에는 더하겠죠. 그렇기 때문에 소득이 있는 시기에 비갱신형 입원·수술비 특약을 가지고 있다면 노년기에 병원비에 대한 위험을 다소 보완할 수 있습니다.

입원비는 1일째부터 지급해주는 특약과 4일째부터 지급해주는 특약이 있기 때문에 가능하면 1일째부터 입원일당을 지급해주는 특약을 선택하기 바랍니다.

평균 수명이 증가하면서 최근 등장한 치매 보험도 관심을 갖기 바랍니다. '장기 요양'이라는 단어는 가족들에게 공포와 같은 존재입니다. 가족 중 한 명이 치매와 같이 오랜 기간 돌봐야 하는 질병에 걸릴 경우 나머지 가족들은 엄청난 타격을 입습니다. 단지 경제적인 부분뿐 아니라 육체적, 정신적으로도 힘든 시기를 보냅니다. 그렇기 때문에 보통 요양 병원이나 요양원으로 환자를 보내는데 이 역시 쉽게 선택할 수 있는 사안이 아닙니다. 비용이 매월 수백만 원씩 소요되니 말이죠.

도로에 즐비한 택시기사보다 치매 환자가 많다는 이야기가 있을 만큼 장기 요양 질병은 큰 사회문제로 대두되고 있습니다. 이를 대비해서도 장기 요양 시 보험금을 받을 수 있는 특약이나 상품도 고려하시기 바랍니다.

보장 외적으로도 활용도가 높은 특약들이 몇몇 있는데 그중 대표적인 특약이 '일상배상책임' 특약입니다. 실비와 더불어 최근에는 온라인 등을 통해 활용법이 많이 알려진 특약 중 하나입니다.

일상배상책임특약은 일상생활을 하다가 타인의 재산에 손실을 입힐 경우 이를 비례 보상해주는 특약입니다. 과거에는 주택을 보유하고 있는 사람이 누수 등의 사고를 대비해 가입하는 특약이었지만, 요즘에는 대부분 보유하고 있는 특약 중 하나입니다. 지인의 휴대폰·노트북을 파손하거나 자녀가 이웃의 차를 긁는 등 일상적으로 벌어질 수 있는 사고에 도움이 됩니다. 가족 중 한 명이 '가족일상배상책임' 특약을 가지고 있을 경우에 가족 전체가 보장받을 수 있기 때문에 가성비가 꽤나 훌륭한 특약에 속합니다.

다이렉트 보험의 부상

비대면 계좌로 은행이나 증권사 계좌를 개설하면 금융회사에서는 우대금리, 수수료 면제와 같은 다양한 혜택을 제

공합니다. 오프라인 지점을 운용하는 데 드는 비용을 절감할
수 있기 때문이죠. 보험사 역시 설계사에게 지급해야 하는 수
수료를 대신해 보험료를 낮춘 다이렉트(온라인을 통해 직접 설
계하고 가입하는 방식) 상품을 출시했습니다. 설계사를 통해
가입하는 상품보다 보험료가 낮기 때문에 일부 상품은 다이
렉트 보험을 통해 가입하는 게 유리합니다.

하지만 가격이 낮다고 무조건 좋은 상품이라고는 할 수 없
습니다. 모든 보험 상품은 약관이라는 규정집이 있습니다. 이
약관 안에는 해당 상품이 보장하는 범위, 보험금을 지급하는
기준 등이 기록돼 있습니다. 비용이 저렴할수록 지급 부분에
기재된 보장 범위가 협소할 수밖에 없습니다.

그렇지만 용어가 어려운 약관을 다 살펴볼 수는 없는 노릇
입니다. 보험 용어에 낯선 우리가 다이렉트 방식으로 가입하
기에 가장 적합한 유형은 '비례 보상'이라는 형태로 지급하는
보험입니다. 대표적으로는 실손의료비보험과 자동차 보험이
있습니다.

비례 보상 체계의 보험은 보험금을 지급해야 하는 사고나
사건이 발생했을 때, 보장 가능한 총 금액에서 해당 사유에 적
용되는 비율에 따라 보험금을 지급합니다. 보험사 공통으로
유사한 기준에 의해 지급하기 때문에 큰 차이 없이 보통의 혜
택을 받을 수 있습니다.

초창기에는 다이렉트로 자동차 보험을 가입하는 경우보다 설계사를 통해 가입했을 때 빠르게 사고 처리 조치를 받기도 했지만, 최근에는 다이렉트를 이용하는 사람이 많아져 보험회사에서도 사고처리 담당자를 많이 배정해두고 있습니다. 다이렉트로 자동차 보험을 가입하더라도 큰 불편함 없이 조치를 받을 수 있습니다.

실비는 설계사를 통해 가입한다고 해도 보험료 자체가 비싸지는 않습니다. 더군다나 실비에 특약을 여럿 섞어 설계가 가능하던 예전 방식과 달리 단독 실비 상품이 출시됨에 따라 혹여 발생할 수 있는 부정적인 설계에 대한 우려도 사라졌습니다.

그렇지만 실비 역시 다이렉트로 가입할 경우 수천원의 예산 절약을 할 수 있으며, 설계사를 통해 가입하는 실비와 지급에 전혀 차이가 없습니다. 현명한 자산 배정을 위해서 고려할 만한 가입 방법입니다.

여행자 보험과 같이 급하게 처리해야 하는 경우에 다이렉트 보험을 활용합니다. 설계사를 통해 가입할 때보다 시간 소요가 적기 때문에 국내외 여행이 잦은 사람들이 주로 찾고 있습니다.

보험 정보 확인도 스마트하게

보험을 이용할 때 유용하게 활용할 수 있는 홈페이지가 여럿 있습니다. 여러분이 우선적으로 접속하면 좋은 사이트는 '내보험찾아줌' 홈페이지입니다. 최근 광고로 보험 관련 애플리케이션이 자주 홍보되고 있습니다. 앱을 사용하면 본인 명의로 가입한 보험들을 한 번에 확인할 수 있고, 보장이 어떻게 구성돼 있는지 살펴볼 수도 있습니다. 보통 GA라 불리는 보험대리점(여러 보험회사와 연계해 다양한 보험 상품을 판매하는 자격을 갖춘 곳)이 투자해 개발한 앱이 대부분인데 사용자가 확인하는 데이터는 모두 생명보험협회와 손해보험협회를 통해 나옵니다.

과거에는 생명보험협회와 손해보험협회가 분리 운영했지만 지금은 '내보험찾아줌'이라는 사이트로 통합됐습니다. 여러분은 이 사이트를 통해 내 명의로 된 보험 전체를 살펴볼 수 있습니다. 자신의 보험을 확인하는 것뿐 아니라 '부모님의 보험'도 확인할 수 있습니다. 간단하게 본인인증 절차만 거치면 부모님의 보험도 확인이 가능합니다.

우리가 보장을 받는 것만큼 부모님의 건강이 악화됐을 때 어떤 보험을 가지고 계시는지 확인해보는 것도 중요합니다. 부모님의 몸이 불편해지셨을 때 자녀의 입장에서 부모님을 챙겨야 하는 게 당연하지만 금전적으로 부담이 되는 게 현실입니다. 그렇지만 부모님이 보유하신 보험을 알고 있다면 그 사실만으로도 이 부담을 일부 해소할 수 있습니다. 현실적으로 이런 상황이 닥치면 조회해볼 심리적 여유가 없습니다. 본인의 업을 하면서 동시에 병간호를 병행하는 건 생각보다 어려우며, 이성적인 판단을 하기 힘들어집니다. 그 상황에서는 어떠한 대처도 쉽사리 할 수 없습니다. 그렇기 때문에 평상시에 부모님의 보험도 꼭 한 번 조회해보기 바랍니다.

다이렉트 보험 가격 비교에 좋은 사이트도 있습니다. 온라인 보험슈퍼마켓 '보험다모아'입니다. 생명보험협회와 손해보험협회에서 운영하는 홈페이지로 소비자는 간단한 인적사항 입력 후 각 보험사의 다이렉트 상품을 한 번에 조회할 수 있습니다.

다이렉트에 최적화된 자동차 보험, 실손의료비보험, 여행자 보험뿐 아니라 다이렉트 형식으로 판매하고 있는 다양한 종류의 보험에 대한 가격 비교가 가능합니다.

하지만 앞에 언급한 3개 보험 이외의 다른 보험들은 조금 더 신중하게 보셔야 합니다. 해당 보험들은 제반 기능을 활용하기 위해 가입해야 하는 특약이 고정적이라 설계에 들이는 노력이 크지 않습니다. 실비를 예를 들면, 기본 특약인 입원·통원 의료비와 자기공명영상(MRI)·도수치료·비급여 주사로 이뤄진 부가 특약만이 존재합니다. 하지만 다른 보장성 보험은 일정 수준의 지식을 가지고 설계해야 합니다. 특약 구성에 따라 혹은 상품에 따라 보장받을 수 있는 범위가 완전히 달라지기 때문입니다. 한 번 설계해 가입한 보험의 구성을 바꾸는 건 어렵기 때문에 전문가와 상의한 뒤 가입하는 게 유리합니다.

저축성 보험 심폐소생술

저축성 보험은 보장성 보험 못지않게 많은 이가 가입하고 활용하는 상품입니다. 하지만 온전하게 저축성 보험을 통해 수익을 보는 사람은 많지 않습니다. 제대로만 운용하면 상당히 높은 이자를 받을 수 있는 데도 말이죠.

돈을 불리는 목적인 저축성 보험은 은행처럼 이자를 지급하는 금리 연동형과 펀드 수익률을 통해 적립금을 키우는 변액 보험 두 가지로 나뉩니다. 교육 보험 등과 같이 이름을 붙여 특정 타깃을 염두에 두고 출시한 상품들도 있는데 구조 자체는 크게 다르지 않습니다.

여러분이 저축성 보험 기능을 극대화시켜 이자를 벌어들이기 위해서는 '추가납입'이라는 저축성 보험 고유의 기능을 필수적으로 활용하셔야 합니다. 추가납입은 통상 월납 보험료의 2배까지 가능한데, 추가납입 보험료는 월납 보험료에 비해 사업비가 적어(일부 상품은 추가납입 보험료에 사업비를 부과하지 않기도 합니다) 이미 적립된 보험료를 효율적으로 불려주는 역할을 합니다. 추가납입은 저축성 보험의 핵심 기능입니다. 저축성 보험을 가입할 때에는 무조건적으로 추가납입 여력을 감안하고 월납 보험료를 설정하셔야 합니다.

복리로 적용되는 일반 저축성 상품과 변액 보험 모두 추가납입 기능을 활용해야만 수익률을 극대화할 수 있으며, 원금 도래 시기도 크게 앞당길 수 있습니다. 저축할 수 있는 여력이 30만 원인 사람이 30만 원 전체를 월납 보험료로 설정하고 가입하는 경우와 10만 원만 월납 보험료로 하고 나머지 20만 원을 추가납입하는 경우 확연한 수익률 차이가 발생합니다. 보험회사마다 적용되는 이율이나 펀드 수익률이 다르지만 온전하게 추가납입을 활용한다면, 장기적으로 적금을 이용하는 것과는 비교할 수 없을 만큼 큰 수익을 볼 수 있습니다.

추가납입과 연동되는 '중도인출' 기능은 저축성 보험의 경쟁력을 강화시켜줍니다. 일반적인 보험의 인식 중 하나가 '해지하지 않는 이상 중간에 내가 납입한 돈을 찾을 수 없다'인데 이를 가능케 해주는 기능이 바로 중도인출입니다. 이 기능만 잘 써도 수년간 납입해야 하는 부담을 줄여가며 돈을 모을 수 있습니다.

대부분 1년에 4회는 수수료 없이 중도인출을 통해 납입한 보험료 중 일정 금액을 출금할 수 있습니다. 하지만 추가납입을 겸하지 않고 월납 보험료만 납입하면 중도인출을 할 수 있는 금액이 크지 않습니다. 월납 보험료는 사업비로 나가는 금액이 많아 당장 중도인출할 수 있는 금액이 쌓이지 않을 뿐 아니라 일부 상품의 경우 의무적으로 거치해야 하는 기간이 있어 즉시 출금하기 어렵습니다.

이에 반해 추가납입 보험료는 월납 보험료와 다르게 사업비도 극히 낮고, 중도인출에 제약도 거의 없기 때문에 당장 출금을 하더라도 납입한 금액에 준하는 만큼 출금이 가능합니다. 추가납입과 중도인출은 해지라는 보험 최대의 리스크를 없애주는 훌륭한 기능이라 할 수 있습니다.

저축성 보험의 대표적 장점 중 하나인 '비과세' 혜택도 꼭 챙겨야 합니다. 15.4%라는 이자소득세를 감면해주는 비과세 혜택은 저금리 시대에 매력적인 세제혜택입니다. 저축성 보험에는 이 장점이 포함돼 있습니다. 이 때문에 일반적으로 저축성 보험은 투자가 두렵거나 돈에 대해 공부할 마음이 없는 분들이 이용하기에 적합한 상품으로 분류됩니다. 비과세 혜택을 받기 위해서는 납입기간을 최소한 5년 이상으로 설정하고 가입 후 총 10년간은 해지하지 않은 채 유지해야 합니다. 이 기간을 지키지 않는다면 비과세 혜택을 받을 수 없으니 주의하시기 바랍니다.

보험회사에서 지급하는 이자도 기준금리에 영향을 받기 때문에 복리라고는 하지만 이자가 높다고 보기는 어렵습니다. 그렇기 때문에 변액 보험을 선택하는 경우도 많은데 '펀드 변경'이라는 기능을 유연하게 활용할 수 없는 분이라면 변액 보험 가입은 지양하기 바랍니다.

설계사의 맹목적인 권유로 변액 보험을 가입하면 더더욱 안 됩니다. 일부 설계사들은 금리 형식의 저축성 보험보다 사업비가 높은 변액 보험을 추천합니다. 증시 상황에 따라 적절하게 펀드를 변경해주는 설계사라면 문제될 게 없지만 제대로 된 '관리'를 해주는 변액 보험 설계사는 흔치 않습니다. 만약 누군가가 변액 보험을 추천한다면 펀드 변경 시점을 어떤 식으로 관리해줄 계획인지 꼭 확인하기 바랍니다.

어떤 계기로 가입했든 변액 보험을 가입한 대부분의 계약자는 금리형 상품처럼 보험료만 납입한 채 펀드 변경을 하지 않습니다. 하지만 변액 보험은 무조건적으로 이자를 지급해주는 금리형 저축성 보험과 다르게 필연적으로 펀드 변경을 해야 합니다. 만약 펀드를 변경하지 않아서 발생한 손해는 돌려받을 수 없습니다. 일반 저축 보험과 다르게 변액 보험은 투자 상품이라 예금자 보호가 되지 않습니다. 그렇기 때문에 주기적으로 펀드 수익률 관리를 해야 합니다.

펀드를 변경하지 않더라도 운이 좋다면 손실 없이 수익이 나겠지만 최근 몇 년처럼 국내외 금융 환경이 혼란스러운 상황에서 웃을 확률은 높지 않습니다. 정세가 긍정적이라면 공격적인 성향의 펀드로 자신의 포트폴리오를 구성하고, 반대의 경우라면 채권형 펀드와 같은 방어적 성향의 펀드로 비중을 바꿔줘야 합니다.

변액 보험은 통상 매월 1회 별도의 수수료 없이 자신의 펀드를 변경할 수 있습니다. 추가납입을 하면서 펀드 변경을 적절히 한다면 금리 형식의 저축성 보험보다 높은 수익을 거둘 수 있습니다.

위기의 변액 보험 살려내기

순수한 보장성 상품은 민원 사례가 많지 않습니다. 정말 보장받기 어려운 특약들로 구성돼 있지 않는 이상 미래에 어떤 형태로든 보험금을 수령할 수 있기 때문입니다.

하지만 어떤 관리조차 해주지 않으면서 '원금이 2년 안에 회복된다', '비과세 혜택이 있다'와 같은 단편적인 이점만을 강조해 가입한 저축형 상품은 잘못 가입할 경우 각자의 재무 계획에 큰 차질을 빚게 됩니다. 당장에 큰 금액이 필요한 상황이 되면 원금 손실을 감수하고도 해지를 해야 하니까요.

보험이라는 상품 자체가 태생적으로 장기적인 성향이 강하지만 적금과 같이 단기적인 상품으로 인식하는 경우가 적지 않습니다. 이와 같이 인식하게 만든 일부 설계사의 책임이 크지만, 그로 인해 심각한 수준의 현실적인 문제를 맞닥뜨리게 되는 건 소비자입니다.

이를 대표하는 상품 중 하나가 변액 보험입니다. 변액 보험은 일반적인 저축형 상품보다 공격적이기 때문에 기대 수익률이 높습니다. 설계사 입장에서는 수익률로 설득하기도 좋고, 급여도 많이 받을 수 있으니 적극적으로 판매를 권합니다. 그렇지만 관리가 어려운 상품임은 부정할 수 없습니다.

한 때 선풍적인 인기를 끌며 판매됐던 변액 보험. 2000년대 들어서면서 수많은 유형의 변액 보험이 탄생했고, 이들 상품은 곧장 전성기를 맞습니다. 그만큼 많은 사람이 보유하고 있는 금융 상품 중 하나입니다. 그중에는 온전히 관리를 받아 괜찮은 수익을 거둔 사람도 있지만, 제대로 된 관리자를 만나지 못해 큰 손실을 안게 된 이들도 있습니다.

부정한 설계사는 본인에게 관리할 능력이 없다면 금리 연동형 저축 보험에 가입을 시켰어야 하지만 조금 더 높은 수수료의 유혹을 이기지 못해 변액 보험으로 유도합니다. 그 이후 단 한 번도 펀드를 변경해주지 않습니다. 이 때문에 민원을 제기하는 소비자를 종종 보곤 합니다.

이 책의 독자분 중에서도 해당되는 분이 계실지 모릅니다. 부모님께서 대신 가입해주셨거나 본인이 가입한 변액 보험이 있다면 수익률을 해당 보험사 홈페이지를 통해 꼭 확인해보세요. 그리고 많이 늦지 않았다면 지금부터 심폐소생을 실시해봅시다.

가입기간이 절반 이상 지났거나 가입한 지 10년 이상 지난 오래된 상품 같은 경우에는 원금을 회복시키기가 쉽지 않습니다. 적절한 시기에 회수를 할 수밖에 없습니다. 이미 손실을 봤다는 건 가입을 권유했던 설계사가 관리를 해주지 않았거나 이미 해당 업종을 떠났을 확률이 높습니다. 보험회사에서 새로운 담당자를 지정해주기도 하지만 친분이 없는 사람과 교류한다는 건 어려운 일이죠. 우리 힘으로 다시 회복시켜야합니다.

가입 5년 이내의 상품일 경우 앞서 설명한 추가납입만 꾸준히 해도 길지 않은 시간 안에 원금 수준으로 회복시킬 수 있습니다. 충분히 강조했지만 저축형 상품에서 추가납입은 필수입니다. 만약 월납 금액을 과도하게 설정해 추가납입하기 부담스럽다면 보험회사에 연락해 월납 금액을 줄이도록 합시다. '감액'이라고 부르는 이 조치를 취한다면 월납보험료와 함께 추가납입 한도가 줄어들겠지만 그 대신 꾸준하게 추가납입을 하면서 수익률을 극대화시킬 수 있습니다. 단, 감액 과정에서 일부 손실이 발생할 수도 있습니다.

추가납입을 시작하면 심폐소생 준비는 끝납니다. 이제부터는 시장 흐름을 파악하고 적절하게 펀드를 변경해주기만 하면 됩니다. 펀드 변경에 앞서 최초 설정된 펀드가 어떻게 구성돼있는지를 확인해봐야 합니다. 고객의 민원이 부담스러운 설계사는 채권형 펀드 100% 혹은 인덱스 펀드 50%와 채권형 펀드 50%로 통상 배정합니다.

상품마다 펀드의 종류는 다양합니다. 국내 증시에 투자하는 펀드뿐 아니라 해외 증시를 추종하는 펀드를 선택할 수도 있습니다. 주식·펀드를 잘 아는 소비자라면 각종 펀드를 적절하게 활용해 수익을 거둘 수 있을 테지만 초보자들에게는 어려운 과정입니다.

이 책에서는 채권형 펀드와 인덱스형 펀드만으로 수익을 높여가는 방법을 소개하도록 하겠습니다. 큰 수익을 기대하기는 어렵지만 과도한 지식을 요하지 않습니다. 약간의 관심과 노력만 기울인다면 그대로 방치하는 것보다는 수익을 챙길 수 있는 확률이 높아지니 적극적으로 심폐소생술에 임해봅시다. 증시와 관련된 뉴스를 주기적으로 확인하는 건 필수입니다!

채권형 펀드와 인덱스형 펀드는 거의 대부분의 변액 상품에 갖춰져 있는 펀드입니다. 먼저 용어를 이해해야겠죠? 채권형 펀드는 금리 파트에서도 간단하게 설명했지만 안정적인 투자를 대표하는 펀드라고 이해할 수 있습니다. 채권형 펀드는 큰 재미를 볼 수 있는 구성은 아니지만 그만큼 위험하지도 않습니다. 다시 말해 불안한 상황 속에서도 손실을 적게 본다는 이야기입니다.

2018년도와 같이 증시가 급락하는 등 불안한 상황이 지속될 때에는 보유하고 있는 상품의 펀드 비율을 채권형 펀드 100%로 조정하시기 바랍니다. 채권형 펀드로 피신하면 증시가 하락하는 것만큼의 손실은 막을 수 있습니다.

이와 반대로 인덱스형 펀드는 채권형 펀드에 비해 공격적인 성향이 강한 구성의 펀드입니다. 코스피와 같은 지표의 등락에 강하게 반응하는 펀드로 채권형 펀드와 비교했을 큰 수익을 기대할 수 있습니다. 이와 더불어 큰 폭의 손실도 감수해야하는 펀드입니다.

인덱스형 펀드는 '코스피가 저점을 찍었다', '눌려 있던 투자 심리가 회복돼 반등이 예상된다'와 같은 소식을 접했을 때 비중을 늘리도록 합시다. 조금 먼 미래를 바라볼 수 있는 눈이 있다면(머지않은 미래에 국내 증시가 상승할 것으로 예상된다) 인덱스형 펀드의 비중을 높여줍시다.

이와 같은 과정은 저렴한 가격에 어떤 상품을 구매하고 비싼 가격에 파는 것과 같습니다. 채권형보다 수익을 큰 폭으로 거둘 수 있기 때문에 증시가 낮을 때 인덱스형 펀드로 비중을 늘려준다면 기존에 손실이 난 적립금을 효율적으로 회복시킬 수 있습니다.

뒤에 등장하게 될 주식 단원을 충분히 이해하고 일상에서 투자를 반복하다보면 변액 보험의 펀드 변경은 그다지 어려운 과제가 아니라는 걸 느끼게 될 겁니다. 설명 드린 최소한의 가이드라인을 통해 우리가 보유한 상품을 심폐소생하면서 투자감을 빠르게 습득하도록 합시다. 10~20%의 손실은 거뜬히 회복해내는 자신을 발견하게 될 겁니다.

"소액이더라도 수익을 목적으로 하는 모든 활동은 투자입니다.
소득 금액에 상관없이 학습을 통해 관련 지식을 쌓고
투자에 임한다면 훗날 엄청난 자산이 될 겁니다."

· 4장 ·

스마트한 투자는
욜로보다 짜릿하다

 **| 경제신문부터 봅시다**

초보 투자자들의 정보 원천

투자의 성패는 정보 경쟁에 달려 있습니다. 익명의 경쟁자보다 먼저 좋은 정보를 취득하고, 그에 해당하는 투자처를 선점하는 사람이 수익을 거둘 수 있습니다.

부자들이나 전문 투자자들은 이 싸움에서 우위를 점하기 위해 돈을 주고 정보를 사기도 합니다. 그만큼 재테크에 있어 효율적인 정보를 수집하는 건 중요한 과정입니다. 우리 역시 고급 정보를 얻을수록 보다 여유로운 삶을 영위할 확률이 높아집니다. 하지만 지금 당장 우리에게 요구되는 건 높은 수준의 정보가 아닙니다. 황새 따라가다 가랑이 찢어질 필요는 없습니다.

입문자로서 요구되는 최소한의 노력을 하고, 그에 따라 습득한 각종 정보를 활용해 재테크의 맛을 경험하는 것. 우리에게 주어진 최우선의 과제입니다. 이 과제를 수행하는 데에는 큰 비용이나 대가가 요구되지 않습니다. 그저 꾸준하고 묵묵하게 익히면서, 빠르게 실천해 결과를 분석하면 됩니다. 수익을 거두면 더할 나위 없지만 처음에는 손실이 있더라도 시작했다는 점 자체가 중요한 겁니다.

결과를 알 수 없어서 '손해 보면 어떻게 하지'라고 끊임없이 두려워만 해봤자 우리가 얻는 건 없습니다. 적은 금액이라도 직접 투자해보고 경험하는 게 다음 단계로 넘어가기 위한 첫걸음입니다. 첫걸음을 내딛기 전에 우리가 챙겨야 하는 필수 준비물은 바로 '경제신문'입니다. 적어도 6개월은 꾸준하게 경제신문을 구독하시기 바랍니다.

전문 투자자가 아닌 일반인들은 경제신문 안에서 생각보다 다양한 재테크 정보를 얻어낼 수 있습니다. 신문에 등장하는 기사들이 뒤늦은 정보라고 경시하는 사람도 있지만, 이 정보들조차 익히지 않는다면 정보 경쟁은 시작도 할 수 없습니다.

강의 때마다 저는 경제신문을 꼭 구독하시라 당부하고 강조하지만 실제로 강의를 듣고 돌아간 수강생 중에 신문을 구독하는 사람은 많지 않습니다. 종합지보다 딱딱하고 어려운 용어가 많으니 읽기가 부담되겠죠. 그래도 해야 합니다. 기본적인 지식조차 없이 투자에 임하는 건 실패를 전제에 둔 무모한 행위일 수밖에 없습니다.

모바일로 보는 건 안 되느냐고 물으시는 분도 간혹 계시는데, 학습의 측면에서 모바일 기사는 종이신문보다 효과가 떨어질 수밖에 없습니다. '전망'과 '예측'이 주요한 재테크를 학습하는 데에는 더욱 비효율적입니다. 디지털 기기를 통한 정보 습득에 대한 연구는 세계 각지에서 진행되고 있습니다. 2016년 워싱턴 포스트에는 '디지털 기기와 종이 매체의 이해 정도'라는 주제의 연구 내용이 게재됐는데, 이때 연구에 참석한 미국 카네기 멜론대 카우프만 교수는 "디지털로 읽는 시간이 길어질수록 큰 그림을 보는 사고는 덜 발달한다"고 밝혔습니다.

PC나 모바일로 기사를 보게 될 경우 가볍게 읽는 경향이 크고, 읽는데 들이는 시간도 짧습니다. 흔히 '지그재그' 방식이라고 일컫는데, 이렇게 기사를 훑으면 학습이 더딜 수밖에 없습니다. 용어조차 낯선 경제기사라면 머릿속에 담기는 정보가 더 적겠죠. 더군다나 온라인상에는 소비성 정보나 가십 정보가 가득합니다. 온전한 출처를 확인하기 어려운 경우도 있으며, 깊이가 떨어지는 내용들도 상당히 많습니다. 워낙 방대한 양의 정보가 실시간으로 쏟아지다보니 가치 없는 정보가 가치 있는 정보를 덮어버리기도 합니다. 도움이 되는 정보를 찾는 데 제한이 따를 수밖에 없습니다.

그렇기 때문에 재테크를 잘하고자 하는 마음이 있다면 꼭 경제신문을 읽어야 합니다. 최소한의 소양, 관련 분야 지식, 향후 정부 정책의 방향성 등 수많은 정보가 신문 안에서 기다리고 있습니다. 우리에게 요구되는 수준의 정보는 종이신문 안에서 충분히 수집하고 활용할 수 있습니다. 종이신문은 투자할 가치가 있고, 가성비가 훌륭한 학습 도구입니다. 꾸준하게 읽는 습관을 '꼭' 기릅시다.

경제뉴스 읽고 활용하기

정론지는 신문사마다 다루는 내용이 상반됩니다. 회사가 추구하는 정치 방향에 맞춰진 기사들로 이뤄진 신문이기 때문에 선택이 중요합니다.

경제신문은 정론지와는 다릅니다. 경제신문도 광고주를 비롯한 이해관계에 영향을 받을 수 있지만 정론지보다는 상대적으로 영향력이 적습니다. 어느 신문사를 선택해도 주요하게 짚고 넘어갈 경제 이슈는 공통적으로 담겨 있기 때문에 신문사의 선택은 크게 중요하지 않습니다. 그저 실행에 옮기기만 하면 됩니다.

처음에는 읽기 어려울 겁니다. 내용이 총 10건이라면 낯선 내용이 9~10가지일 테니까요. 첫 두 달가량은 하루 중 한 시간만 신문 읽기로 채우면서 관심 있는 분야의 기사 위주로 읽습니다.

각자의 성향에 맞는 기사부터 찾아서 읽어보세요. 전자기기, 패션, 여행 등 평소에 관심이 많았던 분야의 기사라면 거부감을 훨씬 줄일 수 있습니다. 처음부터 끝까지 다 읽으려는 욕심은 잠시 접어둡시다. 30분이든, 1시간이든 스스로와 약속한 시간을 효율적으로 채우기만 하면 됩니다. 사설이나 논설은 가능하면 읽지 마세요. 누군가의 개인적인 의견이 백지장과 같은 우리에게 영향을 미치는 건 좋지 않습니다.

경제신문에 대한 심리적 부담이 줄어들기 시작하면 기사 속에 담긴 경제 용어들을 이해하는 과정을 추가합니다. 기사에 담긴 경제 용어들을 익히면서, 온전하게 하나의 기사를 해석해내는 능력을 기릅니다. 경제 용어를 설명해주는 책을 함께 읽으면 더욱 좋습니다. 이 과정을 반복하다보면 신문을 읽는 속도가 점차 빨라질 겁니다. 당연히 흡수하는 정보의 양도 많아집니다. 경제 관련 지식들도 풍성하게 머릿속을 채우게 됩니다.

신문을 읽는 시간이 누적되다보면 기사를 정확히 해석하고, 재테크에 직결되는 정보를 찾아내고, 조금 먼 미래를 예측하는 '눈'이 생깁니다. 이때가 다가오면 자신감 있게 투자를 시작할 수 있습니다.

투자에 쉽게 활용할 수 있는 기사는 '일정'과 관련된 뉴스입니다. 업계를 대표하는 행사의 일정, 국가간 회담 등 주요한 일이 발생하기 이전에는 이를 예고하는 기사가 항상 등장합니다. 이중 우리가 모르게 진행되는 일은 없습니다. 어떤 투자를 하든 적합한 투자시점을 판단해야 하는데, '디데이'를 안내하는 기사는 수개월 전에 나옵니다. 이 기사들은 투자시점을 정하는 데 도움을 줍니다.

예를 들어볼까요? 바이오·제약 분야의 굵직한 일정 중 하나가 'JP모건 헬스케어 컨퍼런스'입니다. JP모건이라는 세계적으로 유명한 투자회사가 주최하는 행사인데, 의약분야 최대 행사로 손꼽힙니다. 주최 측은 매년 경쟁력 있는 기업들을 초빙하고, 초대된 기업들은 자사의 경쟁 기술이나 상품을 홍보합니다. 초청된 회사는 기술 제휴나 수출과 같은 큰 성과를 거둘 수 있습니다.

이 행사가 시작되기 수개월 전에 'JP모건 헬스케어 컨퍼런스가 0월 0일부터 0일간 ○○○에서 열린다'라는 기사가 나옵니다. 우선 이 일정을 먼저 스케줄러나 투자 노트 등에 기록해둡니다. 이 기사의 후속으로 '이번 행사에 참석하는 기업은 ○○○, ◇◇◇, △△△다'와 같은 내용이 뒤따르는데 '○○○, ◇◇◇, △△△' 기업을 투자 대상으로 삼습니다. 물론 정보력이 뛰어난 사람들은 미리 이 기업들을 알 수 있지만, 기사를 통해 확인하는 기업 중에서도 우리가 수익을 낼 만한 종목들도 있습니다.

부동산 투자를 할 때에도 유사한 방식으로 투자시점을 파악할 수 있습니다. 부동산 투자에서 중요한 포인트 중 하나인 '역세권', 그중에서도 압권인 '지하철 노선 개발' 관련 뉴스는 주목해야 할 호재입니다. 개발 기간도 소요되지만 논의 과정이 복잡하기에 추적 기사가 지속적으로 나옵니다.

2020년 이후 강북 최대 호재 중 하나인 '강북순환선' 개발을 예로 들겠습니다. 2018년부터 예상 노선도가 등장했으며, 좀 더 구체적인 노선도가 2019년에 알려졌습니다. 더불어 착공예정일을 비롯한 세부적인 착수 계획이 심심치 않게 들려오곤 합니다.

주목할 점은 이 내용들이 모두 실제 진행 이전에 나오는 소식들이라는 거죠. 해당 기사나 관련 내용을 늦게 인지했다 하더라도 움직이는 게 답입니다. 예상 노선도를 기준으로 시세를 확인하면서 투자할 물건을 찾아야 합니다. 상당히 굵직한 이슈임에도 이를 인지하지 못하거나 관심을 두지 않는 이들이 많기 때문에 부동산 투자를 고려하고 있는 분이라면 투자 가능한 물건을 찾는 노력을 시작해야 합니다. '완공됐다'는 소식이 '늦은 뉴스'입니다. 그 이전이라면 충분히 투자 가능한 대상을 찾고 투자시점을 조율할 수 있습니다.

특히 부동산은 '백문이 불여일견'이라는 고사성어로 표현하기에 가장 적합한 투자 수단 중 하나입니다. 위와 같은 내용을 알게 됐다면 해당 지역을 찾아가세요. 부동산 중개업자들을 만나서 분위기를 엿보고, 매물도 확인해봐야 합니다. 그러다 보면 생각지도 못하게 우리의 상황과 적합한 투자 대상을 마주할 수도 있습니다. 한 발 내딛기만 하면 이와 같은 뉴스들이 전혀 늦은 소식이 아니라는 걸 깨달을 수 있을 겁니다.

우연을 가장한 '대박'

봉이 김선달의 이야기 다들 아시죠? 그는 우연히 마주한 대동강을 바라보고 기발한 생각을 합니다. 매일같이 대동강을 이용하는 사람들에게 소량의 돈을 쥐여주며 다음 날 찾아올 때 그 돈을 돌려주라고 이야기하죠.

이를 본 자본가는 대동강을 통해 더 큰 부를 축적하고자 김선달에게 접근합니다. 곧장 김선달은 이 자본가에게 대동강물을 판매할 수 있는 권한을 팔아 엄청난 수익을 거둡니다. 누구나 이용할 수 있는 대동강물을 팔아 막대한 수익을 챙긴 그는 분명 사기꾼입니다. 그렇지만 투자의 기회를 포착할 줄 알았던 그의 '감'만은 주목해야 합니다.

매일 대동강이라는 공공재를 이용했던 사람 누구도 이를 통해 수익을 거둘 수 있으리라 생각하지 못했습니다. 그렇지만 우연히 대동강을 마주한 김선달은 남들과 다르게 여기에 투자하기로 결심했죠.

투자에서 큰 수익을 거두는 사람들은 김선달처럼 우연한 상황을 투자로 연결 짓습니다. 남들이 예상하는 투자처는 수익이 적을 수밖에 없습니다. 소액을 투자하면서 우리가 꾸준히 쌓게 될 경험은 남들이 미처 바라보지 못하는 투자처를 찾아내고 거기에 투자할 수 있는 감을 기르는 과정입니다.

주식은 특정한 신호(기업의 생산물과 그 판매에 영향을 미치는 상황)와 기업의 상호작용 속에서 발생하는 기대 수익에 투자를 하는 방식입니다.

신호는 정기적인 신호와 비정기적인 신호로 구분할 수 있습니다. 정기적인 신호란 매년 반복되는 기업의 고정적인 활동 양상을 일컫습니다. 분기별로 이뤄지는 실적 발표나 정기적인 신제품 출시 등이 이에 해당합니다. 예를 들어보겠습니다. 휴대폰 제조업체들은 매년 새로운 스마트폰을 출시합니다. 출시 이전에는 세계 최대 규모의 이동통신 행사인 MWC(Mobile World Congress) 등을 통해 R&D 성과와 포부를 밝힙니다.

이에 발맞춰 투자자들은 신제품의 성과를 예측하며, 이 예측에 기반해 관련 업체에 투자를 합니다. 스마트폰을 조립하는 회사, 완성품에 투입되는 부품을 제작하는 회사 등이 매년 스마트폰 출시 시점에 맞춰 투자대상으로 떠오릅니다. 새로 나온 휴대폰의 판매량이 높을수록 관련 기업들의 다음 분기 실적 향상에 대한 기대치가 높아지겠죠? 이런 기대심리가 해당 기업들의 주가에 영향을 미치게 됩니다.

'뷰티 코리아'의 원동력이 됐던 중국 관광객 '유커'의 국내 방문도 정기적인 신호 중 하나입니다. 국내 면세점 수익의 80% 이상을 유커가 책임진다는 기사가 나올 만큼, 이들은 얼마 전까지 업계에 많은 영향을 미쳤습니다. 특히 그들이 소비하는 대표 품목인 화장품 업계는 중국의 주요 명절 때마다 큰 관심을 받았습니다. 그들이 한국에 들어와 막대한 매출을 올려줬기 때문입니다. '대륙의 스케일'이라는 말이 있을 만큼, 그들은 눈에 띄는 영향력을 행사했습니다.

우리나라가 중국과 사드(THADD) 관련 분쟁을 하기 이전까지만 해도 중국 관광업계에서는 전략적으로 한국 관광 상품을 꾸준히 내놨습니다. 이 영향으로 명절이 되면 수많은 유커가 한국을 찾았고, 투자자들은 뷰티 관련 업종에 투자하곤 했습니다. 이와 같은 정기적인 신호는 일정한 주기로 매년 찾아오는 기회 중 하나입니다. 그렇지만 누구나 다 알고 있는 신호기 때문에 경쟁이 심하며, 기대 수익률도 높지 않습니다.

이에 반해 비정기적 신호는 정해진 패턴이 없으며 예상하지 못하거나 예측을 벗어나 발생하는 정치·경제·사회 현상을 일컫습니다. '긍정적이든 부정적이든 사람이 관여된 모든 일은 누군가에게 반드시 호재로 작용한다'는 전제와 신호를 포착하는 판단력이 결합돼 수익으로 이어집니다. 특히나 비정기적인 신호는 대비하고 투자할 수 있도록 돕는 정기적인 신호만큼 친절하지 않기 때문에 놓치고 지나가는 사람이 많습니다.

대표적인 사례로는 미세먼지가 있습니다. 과거부터 중국발 황사나 미세먼지는 꾸준하게 우리를 불편하게 하는 요소였지만, 2018년 말부터 2019년 초까지 국내를 급습한 미세먼지는 이전과는 다르게 강력했죠. 많은 사람이 탁해진 시야와 턱 막히는 호흡으로 불편을 호소했습니다. 별다른 대응책을 내놓지 않는 중국을 비판하던 사람들도 있었죠.

비정기적 신호를 활용할 줄 아는 투자자들은 이 미세먼지를 투자의 기회로 삼았습니다. 길거리에 마스크를 쓰고 다니는 사람이 늘자 '마스크는 어느 회사에서 만들지?'와 같은 의

이동평균선
■5 ■20 ■60 ■120

5MA: 4,908　20MA: 5,481　60MA: 5,483　12MA: 6,328

최대값 11,600(-36.90%)

10,000

8,000

6,000

4,000

2017.11　2018.03　2018.07　2018.11　2019.03　2019.07　2019.11

미세먼지 관련주 변동 추이

문을 갖게 됐고 해당 기업의 주가를 확인했습니다. 또 다른 누군가는 공기 청정기 제조 회사에 투자를 했고, 미세먼지 대응을 위해 정부가 내놓을 정책을 예상하고 건물 순환 장치 업체를 찾아보기도 했습니다.

　실제로 2019년 초 극심한 미세먼지와 초미세먼지에 대응하기 위해 정부에서는 신축 건물에 의무적으로 미세먼지 95% 필터링이 가능한 환기장치를 설치하도록 했고, 이 장치를 만드는 업체의 주가는 천정부지로 치솟았습니다. 사람들이 미세먼지로 받는 스트레스가 커진 만큼 주가가 폭등한 것입니다.

　이처럼 대다수의 사람들이 특정한 상황을 표면적으로만 바라보는 데에 반해 투자자들은 그 상황과 결부된 투자처를 끊임없이 탐색합니다. 투자감이 뛰어난 사람들은 본능적으로 대응하곤 합니다. 태생적으로 감을 타고난 사람도 소수 있지만, 꾸준한 학습과 경험이 없다면 그 감을 활용하기 어렵습니다. 누적된 경험만이 각종 신호에 기민하게 반응하는 능력을 이끌어낼 수 있습니다.

탄탄하게 축적된 투자 감각은 우연을 가장한 기회를 '대박'으로 변모시킬 수 있는 근간이 됩니다.

낯선 투자대상이 가진 위험성

시대가 발전할수록 그 시대를 살아가는 사람들이 영위하는 수단은 다양해집니다. 연인과 데이트를 하는 상황을 떠올려볼까요? 부모님 세대에는 경양식 집에서 돈가스를 먹고, 다방에 앉아 이야기를 나눈 뒤, 덕수궁 돌담길을 거니는 게 최고의 데이트 코스였을 겁니다. 최상의 코스이기도 하지만 그 시절에는 연인이 즐길 거리가 다양하지 않아 마땅한 선택지도 없었을 테죠.

21세기 젊은 커플들은 어떨까요? 최근 등장한 VR 체험장을 찾아 색다른 경험을 하고, 전 세계 다양한 음식을 맛보기 위해 이태원을 찾을 수도 있습니다. 여러 종류의 실내 스포츠를 즐길 수 있는 공간도 마련돼 있기 때문에 활동적인 데이트를 원한다면 이런 곳을 방문해도 좋겠죠.

이렇듯 과거에 비해 우리에게 주어진 선택지는 많습니다. 투자에서도 마찬가지입니다. 예전보다 훨씬 다채로운 투자 수단이 존재하며, 하나의 투자에 활용할 수 있는 기법들도 새롭게 생겨났습니다.

요즘 젊은 층 사이에서 유행하고 있는 투자 방식 중 하나는 P2P 투자입니다. P2P는 Peer to Peer finance의 약자로, 개인 간의 금융거래(대출)를 일컫습니다. 고금리의 대출을 받기 부담되는 사람들에게 그보다 저금리로 자본을 제공하고, 이에 따른 이자 등으로 수익을 내는 투자 방식입니다.

자금을 보유한 개인이 일일이 대출 희망자를 찾는 게 쉽지 않다보니 인터넷 서핑을 하다보면 종종 보게 되는 P2P 대출 전문 업체들이 우후죽순 등장했습니다. 일부 업체는 투자 자금을 100% 보존해준다거나 하는 허위·과장 광고를 하면서 투자자를 모집하기도 합니다.

이러한 투자 방식은 제도권 금융 상품이 아니기 때문에 투자자가 보호받을 수 있는 장치가 없습니다. 그렇기 때문에 보다 높은 수수료를 준다거나 특별 수수료로 보상을 해준다는 식의 광고에 휘둘리지 않도록 주의해야 합니다. 적합한 업체를 선정하고 신중하게 투자를 임해야 한다는 사실을 명심하세요. 종종 피해사례가 발생하기 때문에 금융감독원과 같은 정부기관에서는 'P2P대출 가이드라인'처럼 투자자들이 참고할 수 있는 자료를 배포하고 있습니다. 실행에 앞서 이러한 내용은 꼭 참고하도록 합시다.

이번엔 부동산 투자 쪽을 한번 살펴볼까요? 유서가 깊은 투자 수단인 만큼 부동산 역시 다양한 투자 방법이 등장했습니다. 크고 작은 빌딩을 지을 때에는 조그마한 건물을 세울 때보다 더 많은 자금이 필요하겠죠? 시행업체나 투자자가 자본이 부족하면 지분을 나누거나 하는 방식으로 외부 자본을 끌어들이곤 합니다. 우리는 여기에 투자할 수도 있습니다.

이럴 때에 가장 중요한 건 건물이 투자에 적합한 지역에 지어지는가 하는 겁니다. 빌딩과 같은 수익형 부동산은 '미분양'이 발생하게 되면 치명적인 손실을 입게 됩니다. 수요가 충분한 곳에 지어지는 건물인지 신뢰도 있는 건설사에서 담당하는지 충분히 따져봐야 합니다. 돈만 있다면 투자할 수 있는 곳은 많습니다. 그렇지만 세부적으로 살펴보지 않고, 오직 수익만을 생각해 투자하는 행위는 지양해야 합니다.

해외 주식이나 부동산에 투자할 때에도 각별한 주의를 기울여야 합니다. 2000년대 초 전 세계에서 붐을 일으켰던 브릭스(BRICS)라는 단어를 기억하시나요? 당시 급격한 경제 성장을 이룩하던 브라질, 러시아, 인도, 중국, 남아프리카공화국 5개 국가를 일컫는 단어입니다. 세계적으로 관심을 모았던 만큼 이들 국가의 주식이나 부동산에 대한 투자가 열풍을 일으켰습니다.

물론 당시 큰 성공을 거둔 사람들도 많습니다. 흐름을 잘 이해한 사람들이 결실을 맺었습니다. 그렇지만 결코 성공한 사람만 존재한 건 아닙니다. 그중에는 실패의 쓴 맛을 본 사람들도 있습니다. 그들이 실패한 이유는 정확히 어디에 투자하는지 몰랐다는 점입니다. 질문을 하나 해보겠습니다. 우리나라를 대표하는 기업인 삼성전자의 대주주가 누구인지 아시나요? 그리고 그 대주주가 삼성전자의 지분을 몇 % 보유하고 있는지 알고 계신가요? 대한민국 국민이지만 우리나라를 상징하는 기업이라고 하는 삼성전자에 대해서도 우리는 잘 알지 못합니다. 여러분뿐만 아니라 저 역시도 자세히 외우고 있지 않습니다. 요점은 국내 유명 기업에 대한 정보도 희박한 우리가 외국 기업에 투자하는 행동할 때에는 엄청난 정보를 취합해야 한다는 것입니다.

외국 부동산의 경우에는 더욱 많은 정보를 요구합니다. 특히 베트남과 같은 공산권 국가의 부동산에 투자할 때에는 더합니다. 공산권 국가는 정부의 결정 하나가 절대적인 영향을 미치기 때문에 해당 부동산의 개발이 확정될 것인가에 대한 확실한 정보를 얻지 못한다면 투자가 아닌 투기로 변할 확률이 커집니다.

국내 부동산 투자를 할 때에도 해당 지역을 찾아가서 하나하나 살펴보는 게 보통 일이 아닙니다. 해외 부동산 투자라면 더 많은 난관이 있습니다. 아직 투자 초보인 우리에게 해외 투자는 머나먼 일입니다. 아무리 달콤한 투자의 유혹이 있더라도 섣불리 다가가지 맙시다. 그만큼의 노력을 할 각오가 서지 않는다면 말이죠.

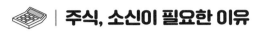

주식, 소신이 필요한 이유

대중적인 투자 방식인 주식은 주관이나 기본 없이 따라하다가는 식겁하는 상황을 맞게 되는 수단이기도 합니다. 조금만 눈을 뜬다면 생각보다 손쉽고 빠르게 자산을 불릴 수 있지만, 기초적인 지식조차 없다면 결코 접근해서는 안 되는 투자기도 합니다.

우연한 기회에 누군가를 따라하다 수익이 났더라도 이는 훗날 더 큰 손실을 불러일으키는 복선으로 작용할 가능성을 포함하고 있습니다. 그것이 투자고, 주식입니다. 노력 없이 들어온 돈은 쉽게 사라집니다. 시도마다 성공과 실패의 이유를 살펴보고 다음 투자에 반영해야 주식으로 돈을 불릴 수 있습니다.

주식을 바라보는 마음가짐부터 기본적인 지침까지 두루 살펴보면서 자신만의 기준을 정해보도록 합시다. 합리적인 원칙만 정립할 수 있어도 큰 손실을 방지하며 수익을 낼 수 있습니다.

먹기 좋은 떡은 나누지 않는다

어떠한 투자 방식이든 그 방식을 실행하는 데 있어 주저하게 만드는 대표적인 요소는 주변에서 들려오는 피해 사례입니다. '나도 실패하면 어떻게 하지?'라는 생각에 사로잡히는 순간 투자를 하기 어려워집니다. 무조건 두려워하기 이전에 이들이 왜 손실을 봤는지를 먼저 살펴봐야 합니다. 어찌할 수 없는 흐름에 휩쓸린 사람도 있겠지만 관련 지식 없이 누군가를 따라만 하다가 실패하는 사례도 많습니다.

다른 투자를 할 때에도 마찬가지지만 주식을 시작하기에 앞서 명심해야 하는 가장 중요한 원칙은 '분석을 하지 않은 주식은 절대 매수하지 않는다'입니다. 간혹 뉴스에 등장하는 주식 사기는 이 원칙을 지키지 않아 벌어지는 경우가 대부분입니다. '유명한 투자자가 한 이야기니까', '주식을 잘 하는 친구가 추천했으니까'라는 안일한 생각은 심대한 타격을 줄 수 있습니다.

주식 사기의 일반적인 방식을 살펴보겠습니다. 입소문을 타 유명해진 피의자는 온·오프라인 강좌나 개별 접근 등을 통해 낮은 수익률이지만 쉽게 재미를 느낄 수 있는 몇몇 종목을 피해자에게 알려줍니다. 이를 통해 피해자들의 환심을 삽니다. 이후 흔히 작전주라 불리는 종목을 알려주면서 피해자의 투자를 유도합니다. 피해자가 많으면 많을수록 경쟁이 치열해져 주가는 더욱 빠른 속도로 치솟습니다. 이전에 매수했던 피의자는 목표한 주가에 도달하면 자신이 보유한 주식을 일괄 정리합니다. 시장에 나오는 주가 많을수록 폭락하는 폭도 커집니다.

물론 신뢰할 만한 사람일 경우에 상부상조하자는 의미로 좋은 투자 정보를 알려줄 수도 있습니다. 설령 그렇다고 하더라도 투자하기 이전에 올바른 투자처인지 확인하는 과정은 필수입니다. 초보인 우리는 당장의 수익보다도 경험과 지식을 쌓는 게 더 중요합니다.

누군가의 투자 종목을 수동적으로 따라하는 건 위험하기도 하지만 수익률에서도 큰 차이를 보일 수밖에 없습니다. 주식에 해박해 주변인에게 C라는 회사를 추천한 A와 A의 추천을 받아 매수하는 초보 투자자 B 사이에는 시간 차이가 존재합니다.

A는 다양한 분석 자료와 시기를 고려해 C회사가 투자에 적합하다는 결론을 내립니다. 이 결론에 도달하자마자 B에게 알릴까요? A가 매수를 한 뒤 B에게 알려주는 경우가 일반적입니다. 매수 시점이 정보가 제공된 한참 뒤라면 비슷한 가격에 매수를 할 수도 있지만 정확하게 같은 시간에 매수를 하는 일은 없습니다. 같은 날 거래가 이뤄지더라도 지식이 풍부한 A가 B보다 합리적인 가격에 C주식을 매수할 확률이 높습니다.

매도 역시 마찬가지입니다. C주식을 매도해야 하는 시점이 되면 A와 B뿐 아니라 C기업에 투자했던 많은 사람이 매도 시점을 기다립니다. 당연히 최대한 비싼 시점에 주식을 팔려고 하겠죠. 매수 시점을 알려줄 수는 있지만 매도 시점을 정확히 잡아주는 경우는 거의 없습니다. 본인의 매도 시점을 우선적으로 판단하는 건 본능이니까요. 그렇기 때문에 실제 매도가격 역시 A와 B가 다릅니다.

만약 B가 매도하지 못한 상황에서 세력이 개입해 주가가 급락하게 되면 어떻게 될까요? B는 주가가 떨어지는 상황에서 대응하는 방법을 모릅니다. 그렇기 때문에 소중한 자산이 묶이는 과정을 그저 지켜볼 수밖에 없습니다. 그렇기 때문에 최소한의 대응조차 불가능한 수준에서는 섣불리 시작해선 안 됩니다.

어떤 방식을 선택하든 투자의 손익은 전적으로 투자자에게 돌아갑니다. 우리는 이익이 나든, 손실이 나든 결과에 책임을 져야 합니다. 입문 단계에서는 주변 전문가에게 의지하며 배우는 것도 나쁜 방법은 아닙니다. 하지만 적어도 나에게 이익을 안겨줄 수 있는 투자처인지 아닌지는 구분할 수 있어야 합니다. 그래야 하나의 사이클이 끝났을 때 '경험'이라는 값진 자산을 얻을 수 있습니다.

투자에 있어서 먹기 좋은 떡은 쉽게 다른 사람과 나누지 않습니다. 무비판적으로 호의를 받아들이지 마세요. 건전한 비판과 섬세한 분석이 뒤따라야 안전하게 자산을 불릴 수 있습니다.

뭐하는 회사인지 아시나요?

다른 사람의 주식을 따라 사는 사람들의 큰 오류 중 하나는 '어떤 회사에 투자했는가'를 전혀 모른다는 겁니다. 최소한 내 소중한 돈을 투자하는 회사가 어떤 곳인지는 알아야 하지 않을까요? 당연하다고 여기실 수도 있지만 '주식을 하고 있다'고 하는 사람 중 상당수가 어떤 회사인지도 모르고 투자를 합니다.

한 회사를 어떤 이유에서 투자를 해야 하고 어느 시점에 수익이 날 것인지를 예상하는 건 차후의 일입니다. 우선 우리는 특정 회사를 선정하면 그 회사의 '수익 구조'를 파악해야 합니다. 기본적으로 A회사가 매출이 오르면 해당 주가가 오를 확률이 생깁니다. 회사가 이익이 많다는 것만큼 확실한 호재는 없으니까요. 그렇지만 A회사 매출이 오르는 데에는 자사 상품을 판매하는 방법만 있는 게 아닙니다. 마시는 물을 주력으로 만드는 회사가 식수 판매 수익으로만 매출을 올리는 게 아니라는 이야기입니다. 회사는 제품을 만들고 판매도 하지만 잉여금 등으로 다른 회사나 부동산 등에 투자해 수익을 올리기도 합니다.

세계적인 가수로 발돋움한 BTS가 큰 성공을 거둔 당시 BTS 관련주라 불린 종목 중에는 빅히트엔터테인먼트가 없었습니다. 소속사인 빅히트엔터테인먼트는 당시 주식시장에 등재된 상장사가 아니었습니다. 그 때문에 빅히트엔터테인먼트나 방시혁 대표와 관련된 회사, 가령 빅히트엔터테인먼트에 투자한 기업의 주가가 뛰었습니다. 연예기획사가 아닌 회사들이 BTS의 영향을 받아 주가 상승을 한 것이죠.

다시 식수 판매 회사 이야기로 돌아가 악재를 가정해보겠습니다. 항공사에 투자해 벌어들이는 수입이 큰 식수회사에 투자했습니다. 식음료 정세만을 추적하고 있는 사이 유가가 폭등해 항공업계가 큰 타격을 입었습니다. 해당 식수 회사는 손실을 입을 수밖에 없습니다.

이처럼 투자하는 회사에 대한 수익 구조를 파악하는 건 수익과 적합한 투자처를 판단하는 밑거름이 됩니다. 기업의 수익 구조를 어떻게 아느냐고 궁금해 하실 분들을 위해 포털사이트 증권 페이지에서는 친절하게 모든 기업들에 대한 기본 정보를 제공하고 있습니다.

이 정보 안에는 기업의 수익 구조뿐 아니라 주주 구성이 어떻게 돼 있는지도 상세히 설명돼 있습니다. 조금 더 전문지식이 있다면 해당 기업의 재무제표를 살펴볼 수 있고, 기업의 부채나 영업순이익, 영업외 순이익 등도 알아낼 수 있습니다.

처음에는 낯설겠지만 조금씩 공부하다보면 이중 투자에 도움 되는 정보가 무엇인지 알 수 있습니다. 관심이 있었던 회사의 개요부터 살펴보면 조금 더 쉽게 흥미를 가질 수 있겠죠. 급변하는 시장이라지만 돌다리 두드리는 심정으로 차분히 투자 대상을 선정하는 게 중요합니다. 하나라도 더 살펴보고 행동으로 옮겨야 합니다.

대표나 대주주의 부정적인 행동이 회사에 치명적인 영향을 미치는 '오너 리스크(Owner risk)'도 이와 같은 탐색을 통해 조금은 예방할 수 있습니다. 다른 이유도 아닌 특정 대표한 사람의 몰상식한 행동으로 주가가 폭락해 손실을 보는 것만큼 어이없는 일이 있을까요? 회사에 대한 기반 지식 습득은 최소한의 위험 방어를 위한 기초 작업입니다. 투자 목록에 특정 기업을 적어두기 이전에 '꼭' 기업 개요부터 살펴보는 습관을 기르도록 합시다.

증권사도 알고 찾아가야 제맛!

지금까지 나열한 내용들이나 앞으로 기술할 사항들은 모두 개인이 직접 주식에 투자할 때에 가져야 하는 마음가짐이나 알아야하는 기초지식들입니다. 그렇지만 당장 직접 투자를 하기 어렵겠죠? 실무에 바로 적용할 수 있는 경험을 쌓는데에는 절대적인 시간이 필요하니까요. 그럼에도 증시에 투자를 하고 싶다면 증권사를 방문하세요. 은행을 방문할 때에도 정확히 알고 찾아가는 게 중요한 것처럼 증권사에서 운영하고 있는 상품들을 선택할 때에도 최소한의 지식은 담고 찾아가야 합니다.

특히 증권사에서 보유하고 있는 상품들은 은행과는 다르게 대부분 투자 상품이기 때문에 보다 신중하게 접근할 필요가 있습니다. 증권사를 방문해 주식 투자를 의뢰하거나 펀드를 가입할 때 주의해야 할 사항은 뭘까요? 주식 투자를 일임할 때에는 거래수수료나 운용수수료를 가장 먼저 비교해야 합니다. HTS(Home Trading System)와 다르게 증권사 직원이 개입하다보니 직접 투자할 때와는 다르게 여러 유형의 수수료가 발생합니다.

매매수수료는 증권사별로 천차만별입니다. 다행히 금융투자협회 홈페이지에서 각 증권사의 거래수수료를 공시하고 있으니 방문 전에 참고합시다. 은행에서 예·적금 개설이나 카드 발급 등을 권유하듯이 증권사에서는 주식 매매와 그 성과를 실적으로 삼기 때문에 잦은 매매를 요구하기도 합니다. 비정상적으로 잦은 매매를 과당매매라고 부르는데 이 유혹에 휩쓸리지 않는 것도 중요합니다.

펀드를 가입할 때에는 보다 차분하게 상품을 바라봐야 합니다. 적금이 은행을 대표하는 상품이라면 펀드는 증권사의 주력입니다. 그만큼 많은 사람이 가입하고 있으며, 우리에게 많이 노출돼 있습니다. 하지만 주식이든 펀드든 항상 수익을 보장하지 않습니다. 자세히 알고 가입해야 손실을 줄일 수 있습니다.

소비자들이 주식 매매 의뢰에 비해 펀드 가입을 쉽게 하는 이유는 크게 세 가지입니다.

첫째, 주식에 비해 친숙합니다. 증권사보다 자주 방문하는 은행에서도 펀드를 일부 판매하고 있습니다. 자주 마주칠수록 심리적으로 익숙해질 수밖에 없습니다. 덜 낯설지만 투자 수익률이 적금보다 높다면 선택을 하지 않을 이유가 없습니다.

둘째, 첫째 이유의 연장선으로 가입자가 많습니다. 가입한 사람이 많으면 실패하는 사람뿐 아니라 수익을 거두는 사람도 증가하게 됩니다. '옆집에 사는 A가 펀드로 돈을 벌었다'라는 소문을 듣게 되면 관심이 커지게 됩니다. 관심이 커지면 가입 욕구도 따라옵니다.

셋째, (적립식) 펀드에 대해 우리가 알고 있는 개념 중 하나인 '꾸준히 납입하면 무조건 수익이 난다'의 오류입니다. 시장이 좋을 때나 나쁠 때나 적립식 펀드에 납입을 꾸준히 하면 결과적으로는 수익이 납니다. 물론 이론적으로요. 장이 눌려 있을 때에는 싼 가격에 구입할 수 있고, 상승장일 때에는 저렴하게 구매한 종목들이 빛을 발한다는 건 이상적인 상황일 뿐입니다. 그렇지만 많이 알려진 이론만 믿고 펀드에 가입하는 사람이 있습니다. 최근 몇 년간의 국내 증시처럼 장기간 박스권에 머물러 있어 납기기간 내에 상승장이 오지 않는다면 결과적으로는 손해를 감수해야 합니다.

어떤 이유에서 펀드를 들었든 펀드 가입 전에는 해당 펀드가 어떤 종목들로 구성돼 있는지 꼭 살펴봐야 합니다. 펀드 구성은 포털사이트나 펀드 정보를 전문적으로 제공해주는 사이트를 통해 손쉽게 확인할 수 있습니다. 가입 예정인 주머니(펀드) 안에 어떤 회사들이 있는지 둘러보는 과정은 합리적인 투자를 위해서 필수적으로 선행돼야 하는 과정입니다. 주식을 매매할 때와 마찬가지로 수수료에 대해서도 세밀하게 확인할 필요가 있습니다. 펀드 거래 시에도 각종 수수료가 포함돼 있습니다. 가입하고 납입하는 금액 중에는 수수료 비중이 항상 포함돼 있습니다.

주식을 특정 직원이 운영하는 것과 다르게 여러 명의 투자 전문가가 팀을 이뤄 구성한 펀드도 있고, 회사 자체적으로 연구해 내놓은 상품도 있습니다. 한 증권사 안에서 판매하고 있는 펀드 종류는 많으며, 종류가 다양한 만큼 수수료 역시 각양각색입니다.

운용 과정에서 발생하는 수수료는 펀드 이름을 살펴보면 알 수 있습니다. 보통 증권사에서 판매하는 펀드는 '펀드명 + A~C'로 명명됩니다. A가 이름 뒤에 붙는다면 본격적으로 운용하기 전에 먼저 수수료를 지급하는 선취수수료 방식의 펀드입니다. B가 펀드 이름 뒤에 붙어 있다면 A와 반대로 계약이 완료된 뒤에 운용사에서 수수료를 받아가는 후취수수료라는 의미입니다. C일 경우 1회성으로 수수료를 내는 게 아니라 운용 기간 동안 지속적으로 수수료를 떼어갑니다. 금융감독원에서는 장기적으로 수익을 기대하고 가입할 경우 미리 수수료를 내는 A형으로, 단기적인 관점에서 투자할 때에는 C형을 추천하고 있습니다. 주식과 마찬가지로 펀드와 관련된 각종 수수료도 금융투자협회 홈페이지에서 조회가 가능합니다.

일반적인 펀드는 통상 방문하는 증권사에서 구성·운용하는 펀드에 직접 투자하는 방식입니다. 하지만 다른 펀드에 투자하는 재간접 펀드도 간혹 존재하는데 이러한 펀드는 직접적으로 투자하는 펀드보다 드는 비용이 더 많으니 가입에 유의해야 합니다.

지금 언급한 내용들은 증권사를 방문하기 전에 인지해야 하는 최소한의 사항들입니다. 투자를 앞두고는 항상 명심해야 합니다. 모든 투자의 책임은 투자자 본인에게 있습니다. 모르고 투자했다는 변명이 잃어버린 돈을 찾아주지 않습니다.

물론 각 증권사 직원들이 허투루 운용하지는 않습니다. 그들에게는 운용성과가 실적이기 때문입니다. 그렇지만 그들이 손실을 냈다 한들 소비자는 어떠한 책임도 추궁할 수 없습니다. 전문가에게 맡긴다 하더라도 담당자가 어떻게 투자·운용하는지는 최소한 알고 있어야 무의미하게 투자금을 잃지 않습니다.

 **이것만 알면 주식 입문 끝!**

주식 투자에서 중요한 '호흡'

성공한 사람들의 특징 중 하나는 '일정한 패턴'으로 하루, 일주일, 한 달, 일 년을 보낸다는 점입니다. 그들은 철저한 자기관리를 통해 하루를 남들보다 값지게 보내며 더 높은 성과를 올리곤 합니다. 가능한 한 일정한 호흡과 컨디션으로 하루하루를 보내는 게 자신의 역량을 극대화시킬 수 있는 방법입니다.

주식 투자에서도 주기적인 호흡이 중요합니다. 꾸준하게 수익을 거두는 사람들은 충동적으로 투자하거나 불규칙적으로 움직이지 않습니다. 스스로가 정한 규칙에 따라 '분석→종목 설정→투자→수익 실현→결산→재분석→2차 종목 설정 및 투자'의 패턴을 이어갑니다.

장기적으로 바라보는 부동산과 달리 주식은 투자 종목에 따라 단기적일 수도 있고 중·장기적일 수도 있습니다. 단기적인 투자 종목의 경우 장기적인 종목에 비해 더욱 꾸준한 호흡으로 관리합니다. 단 한 번 수익을 내고 끝내는 게 아니기 때문입니다. 다음 투자에서는 더 확실하고, 더 나은 수익을 만끽하기 위해 노력합니다.

여러분이 주식에 입문할 때에도 스스로와 약속을 해야 합니다. 우선 투자 기간을 정하시기 바랍니다. 만약 단기적으로 투자를 한다면 몇 주간 추적 관리할지, 목표 수익률은 몇 %로 잡을지도 함께 결정하세요.

이어서 투자할 분야와 회사를 찾아봅시다. 초보일 경우 관심 있던 분야에서부터 차분하게 살펴보시기 바랍니다. 뉴스를 검색하든, 기업을 분석하든 이전부터 관심이 있었던 분야일수록 집중도가 높아지니까요.

시기적으로나 상황적으로 투자하기에 적절한 업종을 선택하고 난 뒤에 실제 투자할 기업들의 목록을 작성합니다. 목표로 설정된 기업들의 차트, 동향 등을 확인하면서 투자시점을 지정한 뒤 행동에 옮깁시다.

목표한 기간이나 수익률을 달성한 뒤에는 매도하면서 스스로 피드백을 합니다. 매우 중요한 단계입니다. 이 과정을 통해 경험을 쌓을 수 있고, 한 걸음 더 나아갈 수 있습니다. 수능 공부를 할 때 오답노트를 만들 듯이 수익이 발생했으면 어떤 영향에 의해서인지, 손실이 났으면 어떤 착오로 인한 결과인지를 냉정하게 분석해 다음 투자에 반영합니다.

이와 같은 일정한 패턴을 반복하다보면 주식에 대한 자신감과 분석 능력이 축적되고, 앞서 강조했던 '투자감'이 늘어납니다. 이 과정에서는 간접 경험도 도움이 됩니다. 투자 관련 커뮤니티 게시물 중에는 어떤 근거로 종목을 선정하고 투자를 했는지를 안내해주는 글들이 간간히 보입니다. 참고할 만한 선례가 있다면 다음 번 투자에 참고해도 좋습니다. 빠르게 경험을 쌓아가는 방법입니다.

정리가 끝나면 다시 재투자를 할 준비를 합니다. 새로운 종목을 다시 발굴해 투자에 임합니다. 초기에는 다급하게 투자 종목을 선정할 필요가 없습니다. 음식을 꼭꼭 씹어 먹어야 소화가 잘 되듯이 이전 투자 패턴을 정확히 돌이켜보고 재투자에 임하시기 바랍니다.

일련의 과정을 설명했지만, 재투자 종목은 언제든지 선정할 수 있습니다. 기본적인 수순이 익숙해지고 나면, 이전 투자 시기가 끝나가기 전에 다음 투자 종목을 선정할 수 있게 됩니다. 반복하다보면 돈이 노는 상황이 없어지게 됩니다. 꾸준하게 굴려갈 수 있는 능력과 경험이 우리 머릿속을 채울 때까지는 천천히 한 단계씩 진행하시기 바랍니다.

단기 투자일 경우 일주일 단위로 패턴화하면 좋습니다. 장이 열리는 주중에는 투자한 종목을 추적 관리합니다. 주말에는 주간 투자 양상을 정리하고 재투자 종목을 탐색하면서 본인만의 투자 노트를 만들어봅시다.

더 쉬운 주식을 위한 HTS, MTS

21세기 '대한민국'에 살고 있다는 것은 투자자에게는 축복입니다. 우리는 어느 나라보다 쾌적한 환경에서 인터넷을 이용할 수 있으며, 그 덕분에 언제 어디서나 다양한 도구를 활용할 수 있습니다. 이런 환경은 주식 시장에도 큰 변화를 가져왔습니다.

수년 전만 해도 일반인이 전문가 수준으로 여러 상황에 즉각적인 대응을 하고, 다양한 분석 기법을 투자에 이용할 수 없었습니다. 그러려면 전문가만큼 공부를 해야만 했습니다. 그렇지만 IT의 발전은 한 개인의 능력을 무한대로 끌어올려줬습니다. 우리가 마음만 먹으면 뭐든지 해낼 수 있는 환경이 조성된 셈입니다. 증권사에 직접 가거나 전화를 통해 진행하던 과거와 달리 최근의 주식 거래는 HTS(Home Trading System)와 MTS(Mobile Trading System)를 통해 이뤄집니다. 지금은 PC 프로그램이나 휴대폰 앱을 통해 주식 거래를 간편하게 성사시킬 수 있습니다.

이와 같은 거래 체계는 시·공간의 제약을 줄여줬을 뿐 아니라 투자자의 물리적인 노력을 최소화시키는 엄청난 성과를 이뤘습니다. HTS와 MTS의 비약적인 발전 덕분에 일반 투자자 역시 전문적인 분석 체계를 갖춘 전문 투자자 못지않게 다양한 정보를 바탕으로 투자할 수 있습니다.

주식 투자를 할 때에 기본적으로 파악해야 하는 정보는 해당 기업의 차트입니다. 한 번씩은 봤을 주식 차트는 특정 기업에 대한 투자자들의 관심도와 매수·매도 시점을 판단하는 중요한 잣대입니다. 투자자들은 여기에 더해 거래량, 이동평균선 등을 활용한 여러 이론을 접목시켜 최적의 투자시점을 지정한 뒤 행동으로 옮깁니다. 단순한 차트의 해석을 배우는 일은 어렵지 않지만 일반 투자자가 다양한 이론을 습득해 실전에 적용하기까지는 상당한 시간이 소요됩니다. 그렇지만 친절한 시스템들은 이런 소요를 최소화시켜줍니다.

MTS보다는 HTS에서 보다 방대한 양의 정보를 제공하기 때문에 종목 분석을 할 때에는 HTS를 더 추천합니다. 시각적으로도 여유롭지만 실질적으로 더 많은 데이터를 참고할 수 있습니다. HTS에는 수많은 이론 중 성공 확률이 높거나 투자자들이 주로 활용하는 이론들을 토대로 투자에 참고 가능한 다양한 자료를 제공합니다. 빅데이터와 AI와 분석 기법을 접목시켜 투자 유망 종목을 추천해주기까지 합니다. 물론 추천 종목이라 하더라도 스스로 분석하는 과정을 거치고 투자해야겠지만 분석 기술이 고도화됨에 따라 좋은 투자 종목들이 많이 등장하고 있습니다.

더욱 직관적인 정보 제공을 위한 유료서비스도 있습니다만 유료서비스는 '활용할 수 있는' 경험이 쌓이기 전까지는 가능한 한 이용하지 마세요. 아무리 좋은 정보라도 이를 받아들일 준비가 부족하다면 독이 될 확률이 높습니다. 실전 경험을 어느 정도 쌓은 뒤에 참고하시기 바랍니다.

HTS를 통해 투자 대상 분석을 마쳤다면 간단한 투자는 MTS로 하도록 합시다. 특별한 일이 발생하지 않는 이상 거래에 차질이 생기는 경우는 없으며, 정확한 시점에 투자하거나 회수하는 등 언제 어느 때에나 즉각적으로 반응하기에는 MTS가 탁월합니다.

대표적인 MTS 기능은 자동 매수·매도와 '알림' 기능입니다. 1차적으로 MTS를 통해 지정한 주가에 매수하거나 매도할 수 있습니다.(물론 이 기능은 HTS에도 있습니다) 목표한 최저가에 해당 주식을 사고, 스스로와 약속한 최고가에 주가가 도달하면 자동으로 판매되게 설정할 수 있습니다. 흔히 '돈이 묶인다'는 우려를 일정 부분 예방할 수 있는 기능입니다.

코스피나 코스닥의 변화를 참고해 투자할 때에나 기준이 되는 주가를 확인한 뒤 투자하고 싶을 때에는 알림 기능을 활용합시다. 시장지표가 특정 수치에 도래하는 시점이나 관심 종목의 특정 주가를 설정해두면 앱에서 안내를 해줍니다. 알림이 울리면 곧장 앱에 접속해 상황을 판단하고 그에 맞춰 대응할 수 있습니다. 증권사마다 보유한 기능은 조금씩 다르지만 기본적인 기능들만 제대로 활용해도 손실을 최소화하면서 수익을 거둘 수 있습니다.

경험이 적은 투자자가 수익을 내지 못하는 대표적인 이유는 빼야 할 시점에 빼지 않는다는 겁니다. 만약 5%의 수익을 목표로 한 초보투자자 A가 어느 날 본인이 투자한 종목을 확인해봤는데 5.1%의 수익을 기록하고 있었습니다. 그럼 A는 어떻게 할까요? 10명 중 7~8명은 매도하지 않습니다. 조금만 더 기다렸다가 매도하면 6%까지는 벌 수 있으리라 기대하게 되니까요. 하지만 우리는 항상 '세력'의 움직임을 경계해야 합니다. 특정 기업의 주가가 과도하게 증가하면 세력이 개입할 확률이 높아집니다. 이들은 강제적으로 주가를 올리거나 내릴 '힘'이 있습니다. 이들이 개입해 주가가 급격히 떨어지는 경우가 종종 발생하기 때문에 목표한 수익률에 도달하면 해당 주식을 바로 정리하는 게 좋습니다.

그럼에도 욕망을 절제하지 못하는 초보투자자들은 기대심리에 취해 머뭇거립니다. 그 순간에 세력이 개입한다면 내 투자금은 묶이게 됩니다. 한 번 흐트러진 흐름은 생각보다 쉽게 회복되지 않습니다. 실패할 확률이 높아지는 겁니다. 이런 일을 방지하고 안전하게 투자하기 위해 자동매도 기능을 적극적으로 활용합시다.

시기적으로 주요하거나 관심이 뜨거운 종목을 매수·매도할 때에는 MTS보다 HTS가 더 안정적입니다. 아무래도 모바일보다는 PC의 속도가 더 빠르기도 하지만 다운되거나 오류가 발생할 가능성이 적습니다. 모바일 앱의 오류가 많은 건 아니지만 간혹 불상사가 벌어질 수도 있습니다.

실제로 저는 MTS 오류로 큰 손해를 본 일이 있습니다. 2019년 2월 베트남 하노이에서 2차 북미정상회담이 있었습니다. 2차 회담 개최가 확정됐을 당시 '괄목할 협의'가 이뤄질 것이라는 예측이 나왔습니다. 세계 각국에서도 실시간으로 중계할 만큼 상당히 주목받은 회담이었죠. 당연히 남북정상회담이나 북미정상회담이 진행될 때 주목받는 남북 경협주에 대한 관심도 높아졌고, 저 역시 처음으로 남북 경협주에 투자를 했습니다.

하지만 기대와 달리 실제 회담은 큰 성과 없이, 오히려 정반대의 결과를 낳으며 허무하게 종료됐습니다. 성과가 없을 수 있다는 우려가 둘째날 아침에 나오기 시작했고 주식 시장도 요동치기 시작했습니다. 기대치가 높았던 만큼 이에 대한 반발로 하락세가 컸습니다.

아침부터 실시간으로 회담을 지켜보던 저는 큰 손실을 막기 위해 MTS에 접속했습니다. 그런데 그 순간 문제가 발생했습니다. 서버가 다운되면서 접속 장애현상이 발생한 거죠. 일부 손실액은 증권사에서 보상해주긴 했지만 기대만큼 최소화하지는 못했습니다.

이후에 해당 증권사는 시스템을 강화했지만, 이미 좋지 않은 경험을 한 이상 큰 투자 시에는 MTS를 사용하는 게 고민될 수밖에 없죠. 이런 일이 항상 있는 건 아니지만 중요한 상황에서의 투자는 보다 안정적인 인터넷 환경에서 진행하시기를 권장합니다.

기본 중의 기본, 주가와 차트 읽기

주식 투자를 할 때 제일 먼저 공부해야 하는 부분이 '차트'입니다. 눈치싸움이 치열한 주식 시장에서 웃으려면 차트를 읽을 줄 알아야만 합니다. 그래야만 경쟁자들보다 효율적인 거래를 할 수 있고 조금이라도 더 높은 수익을 거둘 수 있습니다.

차트를 읽기에 앞서 주가를 볼 수 있어야 합니다. 주가는 '시가'와 '현재가', '종가'로 이뤄집니다. 시가는 장이 본격적으로 열리는 오전 9시에 책정된 가격, 현재가는 특정 시점에 바라본 당시의 가격, 종가는 장이 마감될 때의 가격입니다. 처음 시작하시는 분이라면 실시간으로 변화하는 주가를 살펴보는 것도 주식 투자의 습성을 알아보는 좋은 기회가 됩니다.

주식이 분석을 토대로 하는 투자 방식이지만 심리전이라고 부르는 사람도 많습니다. 투자자들의 투자심리가 주가의 변화에 그대로 드러나기 때문이죠. 당연히 사려는 사람이 많으면 주가가 오르고, 팔려는 사람이 많아지면 주가는 떨어지게 됩니다. 거래량이 많은 종목일수록 이런 심리가 고스란히 주가에 반영됩니다.

이 때문에 관심도가 높은 종목에서는 간혹 '단주 거래'가 발생하기도 합니다. 부정적인 세력이 시세를 의도적으로 조정하기 위해서 통상 10주 미만의 주식을 지속적으로 사고파는 행위입니다. 단주 거래가 진행되면 거래량이 폭등하고, 귀가 얇은 개미 투자자들의 관심을 불러일으킵니다. 거짓된 움직임으로 특정 종목을 부각시켜 일반 투자자들이 자금을 투입하도록 부추기는 거죠. 급격하게 거래량이 폭등하는, 주가가 초 단위로 빠르게 변화하는 주식은 유의하셔야 합니다.

이제 본격적으로 '막대 차트' 읽는 법을 알아보겠습니다. 캔들 차트, 봉차트라고도 부르는 막대 차트에서 처음으로 눈에 띄는 건 색깔입니다. 다들 아시겠지만 주가나 막대 차트가 빨간색이면 시가 대비 가격이 상승했다는 걸 의미하고, 파란색이면 시가보다 현재가나 종가가 하락했다는 걸 뜻합니다.

막대 차트의 직사각형을 몸통이라 부르는데 몸통이 길면 당일 해당 주식의 거래가 활발했다는 걸 의미합니다. 반대로 몸통이 짧다면 거래량이 적었다는 뜻입니다. 거래량은 머지않은 시기에 투자를 실행할 때 참고할 요소 중 하나입니다. 거래량은 곧 투자자들의 주목도입니다. 몸통 위아래로는 꼬리라 불리는 길쭉한 선이 있습니다. 꼬리가 길면 길수록 주가의 등락폭이 컸다는 걸 의미합니다. 보다 신중한 투자가 요구되는 신호라 할 수 있습니다.

봉(막대)의 주기에 따라 일봉, 주봉, 월봉 차트가 존재합니다. 각각 일 단위, 주 단위, 월 단위의 주가·거래량 변화를 살펴볼 수 있습니다. 단기적인 호흡으로 투자할수록 짧은 단위 차트를 참고합니다. 중수 이상이 되면 3분봉, 5분봉과 같이 분 단위로 분석하기도 합니다. 디테일한 차트를 볼수록 더 합리 적인 선택(매수·매도)을 할 확률이 높아집니다.

이 막대와 더불어 차트에는 항상 '이동평균선'이라는 곡선 이 함께 그려집니다. 5일간의 종가를 평균으로 잡아 쭉 이은 5일 이동평균선부터 20일선, 60일선, 120일선이 차트에 함께 표시됩니다. 이동평균선은 전체적인 흐름이 어떠한가를 바라 보는 지표 중 하나입니다. 주식시장은 흐름이라는 게 존재합

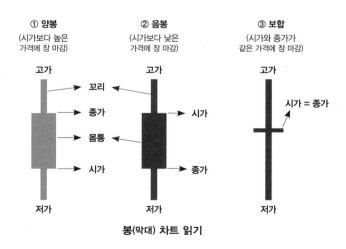

봉(막대) 차트 읽기

니다. 전체적으로는 오르고 내리기를 반복하지만 오를 때에는 흐름을 따라 지속적으로 상승하는 습성이 있습니다. 떨어질 때에도 마찬가지죠.

이동평균선은 매일의 종가 변화와 시세의 흐름을 한눈에 파악하는 지표입니다. 특정 주식의 기세를 파악할 수 있죠. 몇몇 종목을 확인해보면 기세는 금세 눈치챌 수 있습니다. 매일 단위로 흐름이 바뀌는 경우는 거의 없습니다. 특정 기간에 걸쳐 꾸준하게 상승하거나 하락하기 때문에 이동평균선으로 우선 살펴보시기 바랍니다. 실제 거래에서는 20일, 60일, 120일 선을 주로 참고하는데 막대차트와 마찬가지로 짧은 기간의 이동평균선일수록 단기간의 추세를 확인하는 용도로 이용합니다.

지금까지 언급한 내용들은 차트를 보는 지극히 기초적인 사안들입니다. 그렇지만 항상 기초는 탄탄해야 합니다. 차트는 실제 거래에서 매우 중요한 부분을 차지합니다. 다른 투자자들의 관심 정도와 해당 종목의 상승세, 더 나아가서는 매수와 매도의 시점까지 모두 이 지표들을 근거로 합니다. 그래프만 잘 해석해낼 수 있어도 안정적으로 주식투자에 임할 수 있습니다.

주식 투자 훈련에 좋은 ETF

경험이 없는 분들이라면 아무래도 어렵다고 인식할 수 있는 게 주식투자입니다. 기본적인 그래프 해석이 마냥 쉽지만은 않을 뿐 아니라 특정 기업이 처한 상황과 기업의 자금흐름 등 투자 직전에 고려해야할 요소가 많죠. 정석대로 투자를 한다고 하면 재무제표도 읽을 줄 알아야 하고, 전문적인 용어와 해당 분야의 지식까지 갖춰야 하니 초보 투자자들은 주저할 수밖에 없습니다.

그렇다고 너무 어려워할 필요는 없습니다. 고도화된 지식이 없어도 수월하게 주식을 경험할 수 있는 방법이 있으니까요. 바로 ETF가 그것입니다. ETF는 Exchange Traded Fund의 약자로 일반 주식처럼 거래할 수 있는 펀드입니다. '주머니'라고 이해하면 쉽습니다. 공통분모가 있는 종목들을 한데 묶어둔 주머니에 투자하는 방식입니다.

ETF는 주머니를 만든 회사와 주머니 종류에 따라 분류할 수 있습니다. 우리나라에는 여러 투자회사(운용사)들이 있습니다. 운용사에 따라 KODEX, TIGER, KOSEF, KINDEX 등과 같은 이름이 붙습니다. 이들 이름이 앞에 붙은 종목을 ETF라고 인지하시면 됩니다.

운용사에서는 여러 분야의 주머니를 만드는데 예를 들어

삼성자산운용이 반도체 관련 업종들만 한데 묶은 주머니를 만들었다고 한다면, 이 주머니의 이름은 'KODEX 반도체'가 됩니다. 반도체 업종이 전체적으로 호황이면 이 'KODEX 반도체' 주식이 오릅니다. 반면에 악재가 발생하면 수익률이 감소하게 되죠. 업계의 흐름만 살피고 있다면 ETF를 통해서도 수익을 낼 수 있습니다.

일반 경제 분야 이외에도 원유, 금, 콩 등 원자재나 환율에 투자할 수도 있습니다. 특히 금의 경우 골드바라고 부르는 실물이나 금통장, 금펀드 등으로 투자하는 경우가 많은데 이런 방식의 경우 거래 과정에서 수수료를 지급해야 하지만 ETF를 통해 투자한다면 매도수수료 없이(거래수수료가 없는 통장을 개설하거나 대주주가 아닐 경우에 한해서) 수익을 거둘 수 있는 장점이 있습니다. 같은 종류의 주머니라 해도 운용사마다 약간의 수익률 차이는 있지만 그 정도는 미미합니다. 동일한 주머니라면 그 구성은 거의 비슷하기 때문입니다. 우선은 경험한다는 마음으로 하나의 분야를 정해 투자해보시기를 추천합니다.

당연히 기존에 관심이 있어 잘 알고 있는 분야나 투자에 임하기 전 살펴본 적이 있던 분야여야 합니다. 수익이 기대될 것 같은, 호재가 다가올 것 같은 ETF에 투자하며 실제 예정된 호재가 수익으로 작용하는지 확인하면서 재미를 붙이기 바랍니다.

가장 많이 쓰이는 ETF는 코스피와 코스닥 지수 등락에 따라 수익률이 결정되는 '○○○ 코스피(혹은 200)', '◇◇◇ 코스닥(혹은 150)'입니다. 우리나라 주식시장의 큰 두 축인 코스닥과 코스피 대형주들을 중심으로 구성된 이 ETF는 각 지수가 오르는 만큼 수익률이 책정됩니다. 예를 들어 한 달간 코스피가 3.3% 올랐다면 '○○○ 코스피' 역시 그에 준하는 수익률을 기록합니다.

특정 분야를 공부하기보다 시장의 전반적인 흐름을 바라보는 게 상대적으로 수월하기에 이제 막 주식 투자를 시작하는 분들에게는 이 ETF들이 좋습니다. 일반적인 주식 종목처럼 급등하거나 급락할 확률이 적어 수익에 대한 기대감이 낮지만, 그만큼 위험 부담도 적어 시작 종목으로 선택하기에 적합합니다.

각 주머니들은 주머니의 성질에 따라 혹은 투자자의 성향에 따라 파생되기도 합니다. 공격적인 투자성향의 사람들은 기존 투자자보다 훨씬 높은 수익을 거둘 수 있는 '레버리지' 주머니를 선택합니다. 악재 등으로 인한 주가 하락에 반비례해 수익을 내는 '인버스' ETF도 존재합니다. 또한 환율 변동 등으로 인한 손실을 막아주는 헷지(Hedge) 종목도 있습니다.

하나의 기업에 투자하는 것보다는 광범위한 시각으로 바라보고 투자하기 때문에 세밀한 정보가 요구되지 않지만, 그만큼 꾸준하게 특정 분야에 관심을 두고 있어야 수월하게 수익을 거둘 수 있습니다.

알수록 재미있는 유가(油價)

은행을 이용할 때 기준금리를 꼭 유의해서 살피라고 당부했습니다. 특히 대출을 실행할 때 최우선적으로 살펴야 하는 지표인 기준금리처럼 주식 투자를 할 때에도 여러 지표를 참고합니다. 투자자들은 환율, 금 시세 등 다양한 신호를 투자에 응용합니다. 그중 투자 활용도가 높은 지표 중 하나는 기름값, '유가'입니다. 아침 뉴스나 경제 방송을 보다보면 시황 소개를 합니다. 시황 소개에 빠지지 않고 등장하는 내용이 바로 유가 변화와 관련한 사안입니다. 진행자는 그날의 유가가 얼마나 변했는가를 투자자에게 알리고, 투자자는 이를 실제 투자에 적용합니다.

투자를 하지 않는 사람이 유가에 관심을 갖는 때는 자가용을 가지고 있는 경우에 한합니다. 당장에 주유비가 늘어나느냐 하는 문제와 연관이 있기 때문이니까요. 하지만 투자자는 돈을 벌기 위해 유가 변화를 주목합니다. 유가는 원초적으로 실물 경제에 많은 영향을 미칩니다. 현대인의 일상에서 제외할 수 없는 전기 생산에 관여합니다. 운송·생산에서도 기름은 빼놓을 수 없는 부분이죠. 다시 말하면 '비용' 산정에 기름이 차지하는 비중이 큽니다. 투자자들은 여기에 착안을 해 투자를 진행합니다.

직관적으로 유가가 비용으로 반영되는 업체는 항공사입니다. 우리에게 익숙한 항공사들은 유가 변화에 울고 웃습니다. 큰 비행기 한 대가 시동을 걸고 먼 거리를 운항하는 동안 기름이 얼마나 소모될지 생각해보셨나요? 자동차 한 대 주유비조차 생활비에 영향을 미치는데 비행기는 엄청난 기름이 소모되겠죠? 특히 장거리 운항일수록 그 비용은 천문학적으로 뛸 겁니다. 만약 관광객이 줄어들고 유가마저 폭등한다면 항공사가 감당해야 할 비용은 엄청납니다. 사전에 예약한 사람에게나 운항 직전에 예약하는 여행객에게 할인혜택을 주는 건 이런 비용을 최대한 줄이기 위해섭니다. 유가 상승으로 인한 손실이 커지면 커질수록 순수익은 감소할 수밖에 없고 이는 주가에도 고스란히 반영됩니다.

유가에 간접적으로 영향을 받는 기업이라면 영업비 감축 등 다른 요소를 통해 유가 상승으로 인한 위기를 상쇄할 여지가 있지만, 항공사는 유가에 직접적으로 영향을 받는 대표적인 업종이기 때문에 유가와 유사하게 주가에 변화가 생기곤 합니다. 유가가 오르면 주가가 떨어지고, 반대로 유가가 떨어지면 주가가 오르는 거죠. 원유를 수입해 판매하는 정유사는 항공사와는 반대의 흐름을 보입니다. 항공사가 울고 있을 때 정유회사는 춤을 춥니다.

ETF만으로도 유가 변화에 투자할 수 있지만, 흐름만 잘 파악하고 있다면 유가 등락에 영향을 받는 기업들을 대상으로 한 투자도 가능한 겁니다. 누군가는 당장에 내 차에 넣을 기름 가격만 주시하겠지만, 똑똑한 투자자는 좀 더 멀리 살펴보고 투자에 활용합니다.

포털사이트 100% 활용하기

이 책에서 소개하는 내용은 극히 기초적인 내용입니다. 기본적인 투자 이론, 거래량, 투입된 외국자본·기관자본 등 주식 투자에서 고려할 요소는 생각보다 많습니다. 그만큼 의 학습이 요구되는 투자지만 최소한의 지식 습득 이후에는 생각보다 손쉽게 정보를 얻고 투자에 활용할 수 있습니다. 이 를 도와주는 게 바로 포털사이트입니다.

다양한 출처의 정보를 한 곳에서 확인한다는 포털사이트의 근본 기능은 투자할 때 빛을 발합니다. 은행을 이용할 때보다 방대한 정보가 필요한 만큼 포털사이트에서는 투자에 앞서 참고해야 하는 여러 정보를 제공하고 있습니다. 주식뿐만 아니라 부동산 투자를 할 때에도 포털사이트에서 마련한 별도의 페이지를 참고하면 많은 도움이 됩니다.

포털사이트마다 '금융' 페이지를 운영하고 있습니다. 여기에 접속하면 첫 화면에서 코스피, 코스닥 그래프가 우리를 맞이합니다. 이와 더불어 당일 투자자들이 많이 검색한 기업이나 업종별로 상위 수익률을 기록한 종목들을 살펴볼 수 있습니다. 또한 주식 투자와 관련된 뉴스들을 모아놓습니다. 신제품 개발, 기술 수출, 유가 변화 등 우리가 살펴봐야 할 뉴스들이 이곳에 담겨 있습니다. 중복된 뉴스가 많다는 단점은 있지만 따로 설정하지 않아도 투자에 참고할 만한 뉴스를 찾아볼 수 있기 때문에 갱신되는 정보들은 살펴보기 좋습니다.

금융 페이지에서 국내 증시 목록을 클릭하면 보다 자세한 정보들을 확인할 수 있습니다. 거래량이 많았던 종목, 상한가나 하한가를 기록한 기업, 외국인이나 국내 기관에서 많이 투자한 회사 등을 힘들이지 않고 찾아볼 수 있습니다.

앞서 설명한 ETF별 수익률을 살피거나 비상장주식의 상장(IPO) 일정도 추적 가능합니다. 일반 투자보다 상위 단계인 선물이나 옵션 정보도 마련돼 있습니다. 투자 유망 종목을 추천해주는 페이지도 있습니다. 투자회사마다 주목하고 있는 기업들의 리포트를 게시하기도 하니 투자 종목을 선정하는 단계에서 탐독하면 좋습니다.

실제 투자에 활용할 수 있는 '골든 크로스'도 안내해줍니다. 골든 크로스는 이전에 설명한 이동평균선과 관련된 투자 신호입니다. 골든 크로스는 단기 이동평균선이 장기 이동평균선을 뚫고 올라가는 시점을 일컫습니다. 5일 이동평균선이 20일 평균선을 상향통과하거나 20일선이 60일선을 뛰어넘을 때, 혹은 더 장기적인 시점으로 60일선이 120일선을 지나쳐 위로 올라갈 때 우리는 골든 크로스가 발생했다고 합니다.

골든 크로스가 형성되고 나면 향후 강하게 상승 곡선을 그릴 확률이 높아집니다. 물론 투자에 100%는 없지만 골든 크로스가 나타나면 주가가 상승하는 경우가 많습니다. 단기 이동평균선이 장기 평균선을 하향돌파하는 '데드 크로스'가 오기 전까지는 골든 크로스 전보다 높은 주가를 형성하곤 합니다.

외국인 투자자본이 어떤 기업에 유입되는가도 주요한 투자 지표 중 하나입니다. 외국인 투자자가 관심을 갖고 방대한 양의 자금을 투자하는 기업은 그 사실 자체만으로도 호재로 작용합니다. 투자자 중에는 외국인이 투자한 종목만 따라 투자하는 이들도 있을 만큼 참고할 만한 지표입니다.

환율이나 금 시세, 유가와 같은 기본 지수 변화, 해외 증시 변화 상황도 포털사이트에서 한눈에 볼 수 있습니다. 모두가 실제 투자에 참고하는 지표이며, 이들 정보만 주기적으로 수집해도 수익에 큰 원동력이 됩니다.

주식뿐이 아닙니다. 증권사를 찾지 않아도 증권사마다 운용하고 있는 펀드를 검색할 수 있는 기능도 있습니다. 펀드의 경우 펀드에 담겨 있는 기업 목록이나 수수료 지급 체제 등을 고려해야 하기 때문에 펀드 가입하러 증권사에 방문하기 전에 살펴보시기 바랍니다.

이러한 지표들을 활용할 수 있는 최소한의 지식만 보유하고 있다면 포털사이트에서 안내하는 여러 신호를 응용해 충분히 수익을 낼 수 있습니다. 포털사이트 외에도 전문 투자자나 그룹이 운용하는 유료 사이트도 최근에는 많아졌습니다. 아무래도 무료로 제공되는 정보보다 유료 사이트에서 큰 수익을 거둘 수 있는 종목들을 추천해줄 수도 있지만, 계속 강조했듯이 제공된 정보를 올바로 이해하고 바라볼 수 있는 수준을 갖추지 않았다면 섣불리 이용하지 않기를 당부합니다.

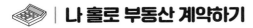 **| 나 홀로 부동산 계약하기**

의식주의 한 축을 담당하고 있는 '집'은 재테크 요소이기 이전에 우리 삶을 구성하는 한 부분입니다. 더군다나 규모도 크기 때문에 신중하게 접근해야 합니다. 그렇지만 부동산에 대한 기본조차 공부하지 않고 계약하는 사람이 너무 많습니다. 그렇기 때문에 간혹 들려오는 부동산 사기 뉴스에 더욱 가슴이 저립니다. 피해 대상자들이 대부분 돈 없는 청년들이니까요. 이들이 등기부등본만 제대로 볼 줄 알았어도 피해를 예방할 수 있었을 텐데 참으로 안타까울 따름입니다.

이 책이 사회초년생을 대상으로 하는 만큼 '부동산 투자'는 먼 이야기일 수 있지만 그래도 꼭 알아야만 하는 최소한의 지식과 부동산을 바라보는 올바른 관점만큼은 안내하고자 합니다. 부동산 거래에는 큰 금액이 들어가기에 장기적인 관점으로 바라보고 꾸준하게 관련 지식을 익혀나가길 바랍니다.

행정부처의 말 한마디

경제신문 읽기의 중요성은 아무리 강조해도 지나치지 않습니다. 특히나 부동산 투자를 할 때에는 무조건 신문을 읽어야 합니다. 부동산만큼 행정부의 정책에 영향을 받는 건 없습니다. 세금부터 재건축에 이르기까지 행정부의 지대한 영향을 받는 게 부동산입니다. 꾸준하게 정책을 추적하고 전망해야 합니다.

부동산 투자에 있어 우선적으로 고려할 요소가 세금입니다. 다른 투자 방식은 내 돈을 투입한다고 해서 세금을 내는 경우가 거의 없습니다. 은행에서 예·적금 통장을 만든다고 세금을 내지 않는 것처럼 말이죠. 그렇지만 부동산은 다릅니다. 취득할 때부터 세금을 내고 팔 때에도 양도소득세를 지불합니다. 소유를 한다면 보유세도 매년 내야 합니다. 그리고 그 세금을 얼마나 내는지를 정하는 곳이 정부죠.

매년 세법 개정안이 발표될 때마다 사람들이 씁쓸해합니다. 지난날보다 더 많은 세금을 내야만 하는 정책이 나오니까요. 게다가 정부는 추가적으로 부동산 소유자에게 압박을 주는 정책을 내놓고 있습니다. 다양한 요인으로 인해 집값이 고점을 찍은 상황이기 때문에 향후에도 부동산 보유자에 대한 세금 압박은 커질 수밖에 없습니다. 집값이 안정화될 때까지는 소유자에게 불리한 정책이 지속적으로 나올 겁니다. 머지않은 미래에 투자를 고려하고 있다면 세금 관련 뉴스를 꼭 살펴야겠죠.

부동산 투자에 있어 대표적인 호재라 할 수 있는 역세권 개발 역시 정부와 지방자치단체의 정책에 의해 결정됩니다. 서울 지역 화두 중 하나인 강북순환선이나 GTX 등의 지하철 노선 신설이 확정되거나 논의 단계에 해당하는 지역 부동산에 투자하는 게 아무래도 더 높은 수익률을 거둘 수 있는 방법이겠죠? 그렇기 때문에 이러한 개발 관련 정책 논의도 신문을 통해 주의 깊게 살펴야 합니다. 국민 모두가 관련이 있는 정책을 결정하는 만큼 아무도 모르게 진행하진 않습니다. 주요한 사항일수록 자주 기사로 등장합니다. 놓치지 말고 확인해야 그 수혜를 받을 수 있습니다.

흔히 아파트의 수명은 30년이라고 합니다. 안전 문제를 고려했을 때 30년이 지나면 재건축을 해야 하죠. 하지만 30년이 됐다고 무조건 재개발을 할 수 있는 건 아닙니다. 이 역시 지자체의 승인이 있어야 가능합니다. 서울시의 경우 도시계획위원회에서 이를 주관하고 있습니다. 시의 개발이나 시에 소속된 건축물의 모든 재개발·재건축 등은 이 위원회에서 승인을 얻어야만 가능합니다. 서울시에서 개발을 허락하지 않는 한 어떠한 공사도 진행할 수 없습니다.

이처럼 부동산의 모든 부분이 행정부처의 결정에 의해 좌우됩니다. 투자를 했을 때의 수익률 역시 세법이나 부동산 정책의 변화에 따라 좌지우지되는 경우가 많죠. 다시 강조하지만 경제신문을 꾸준히 구독하는 것은 투자의 왕도를 걷는 길입니다.

사기당하지 않는 방어책

서류를 조작해 보증금이나 전세금을 갈취하는 방식은 부동산과 관련한 대표적인 사기 방법입니다. 부동산 사기가 뼈아픈 이유는 사기범을 잡기 어려워 그 돈을 모두 잃을 수 있다는 점보다는 그 피해액이 피해자의 자본 대부분이라는 게 더 큽니다.

238

부동산 사기는 대학생이나 사회초년생이 많이 거주하는 곳에서 주로 발생하는데, 이들이 관련된 정보를 파악하기 더 어려울 것이라는 예상을 기반으로 하고 있습니다. 경험이 없을수록 서류를 정확히 살펴보지 못할 확률이 클 테니까요.

실질적인 금액 손실만이 사기는 아닙니다. 큰마음을 먹고 구매한 주택에 인지하지 못한 저당이 잡혀 있는 경우에도 일종의 사기를 당한 셈입니다. 큰 예산을 움직이는 활동이니만큼 이런 일이 벌어지지 않도록 예방하는 게 중요합니다.

우리가 할 수 있는 최선의 대응은 부동산 거래 시 필수적인 행정 서류를 읽는 능력을 기르는 겁니다. 부동산 거래에 활용되는 주요 서류는 부동산 등기부등본, 토지이용계획확인서, 토지대장, 지적도 등이 있는데 기초 서류인 부동산 등기만 제대로 살펴보더라도 어이없는 피해는 방지할 수 있습니다.

매매, 임대 등 부동산 거래 시 꼭 살펴봐야 하는 등기부등본의 구성을 알아보도록 하겠습니다. 요즘에는 월세 계약을 할 때에도 부동산에서 등기부등본을 안내해줍니다. 하지만 만약을 위해 정부에서 제공해주는 등본을 사전에 열람하도록 합시다. 국토교통부에서 운영하는 '일사천리'에서는 소유주가 아니더라도 국내에 등록된 주택 등의 등기부등본을 무료로 열람할 수 있습니다.

등본은 크게 표제부, 갑구, 을구 세 가지 사항으로 나뉘어 있습니다. 등본 첫 장에 등장하는 표제부에는 건축물의 주소가 표기돼있으며, 어떤 소재로 지어졌는지도 확인할 수 있습니다. 또한 건물의 면적도 파악할 수 있습니다. 이와 더불어 주소가 어떻게 바뀌어왔는지도 살펴볼 수 있습니다. 여기에는 특별히 주의할 내용은 없으나 재건축이나 재개발 투자를 목적으로 하는 분이라면 실제 면적이 어떻게 되는지 확인해야 합니다.

거래 시 가장 중요하게 봐야 할 부분이 갑구와 을구입니다. 갑구는 해당 건물의 '권리자' 다시 말해 소유자의 연혁을 기재해놓은 부분입니다. 과거에 누가 집주인이었는지, 현재는 누가 실소유주인지를 여기에서 확인할 수 있습니다. 흔히 집을 살 때에 '등기를 친다'고 이야기하죠? 이는 '등기부등본 갑구에 내 이름이 소유주로 기재된다'는 의미입니다.

자취방을 계약하는 과정해서 보증금을 입금하는 상황을 가정해봅시다. 부동산에서는 A씨의 계좌로 보증금을 입금하라고 이야기했는데, 갑구를 살펴보니 소유자가 B씨로 적혀 있다면 우선 의심을 해봐야 합니다. 이 절차만 지켜도 단순 사기 피해는 예방 가능합니다.

마지막으로 을구는 소유권을 제외한 근저당권, 전세권 등이 기록된 란입니다. 을구에 기재된 내용이 많을수록(지저분할수록) 문제가 많은 집일 확률이 높습니다. 특히 큰 금액의 저당이 잡혀 있다면 추후에 그 집이 경매로 넘어갈 우려도 있습니다. 경매로 집이 넘어가면 세입자가 난처할 수밖에 없죠. 그렇기 때문에 저당이 잡힌 건물이라면 어떤 연유로 저당이 잡혀 있는지 꼭 따져보셔야 합니다.

이미 부동산 등기를 수차례 봐왔을 중년층 중에서도 이를 올바로 보는 법을 아는 사람이 많지 않습니다. 일생일대의 결심 중 하나가 될 부동산 투자, 안전하게 하려면 꼭 관련 서류부터 숙지하도록 합시다.

효율적인 발품은 필수!

부동산 시세는 쉽게 알 수 있습니다. 거래 관련 애플리케이션이나 포털사이트 부동산 페이지에서 친절하게 실거래가를 안내하고 있습니다. 국토교통부에서 운영하고 있는 실거래가 공개시스템 홈페이지를 참고하셔도 좋습니다.

통상 지하철역으로부터 500m 거리를 '역세권'이라고 하는데 이 역시도 직접 돌아다니면서 확인할 필요는 없습니다. 포털사이트에서 제공되는 지도 기능을 활용하면 도보로 몇 분이 걸리는지, 자가용으로 얼마나 걸리는지 손쉽게 알아볼 수 있습니다.

부동산에 대한 기본 서류들 역시 인터넷을 통해 간편하게 열람할 수 있습니다. 한국토지주택공사에서 운영하고 있는 '씨:리얼(SEE:REAL)' 홈페이지에 접속해 지도 통합검색 서비스를 이용하면 부동산 등기부등본을 비롯한 기본 서류, 공시가 등 사전에 알아야 할 부동산 관련 정보를 습득할 수 있습니다. 여기에서는 부동산 자체 정보뿐만 아니라 분야 트렌드와 각종 통계, 내 토지 찾기 등 다양한 서비스를 제공하고 있으니 투자자라면 한 번쯤 접속해볼 만한 사이트입니다.

만약 창업을 할 사람이라면 입지를 선정할 때에도 발품을 팔아야겠죠? 특히 요식업이라면 유동인구나 해당 건물의 공실률 등을 파악하는 게 중요합니다. 이에 도움을 주는 '상권정보시스템'이라는 사이트도 있습니다. 해당 사이트에는 수익형 부동산에 투자하거나 사업을 하기 위해 입주지를 고민하는 사람에게 도움이 될 만한 정보가 많습니다.

홈페이지에 접속하면 특정 지역의 유동인구가 얼마나 되는지, 범위 내에 어떤 업종들이 있는지 모두 확인 가능합니다. 식당을 주로 살펴본다고 하면 한식당이 몇 곳이 있는지 중식당이 몇 곳 운영되고 있는지와 같이 상세한 정보를 제공하는 식입니다. 입주 예정 건물에 과거 어떤 사업자가 있었는지나 얼마나 오랜 기간 상주했는지와 같은 연혁도 제공하니 특히 창업을 고민하는 분들에게는 많은 도움이 될 겁니다.

일련의 과정만 거쳐도 발품 파는 요소를 최소화할 수 있습니다. 집을 보러 다니는 걸 '임장 간다'고 합니다. 앞서 설명한 과정들을 거치고 나면 목표로 하는 물건을 추려낼 수 있고, 소요를 최소한으로 줄이면서 효율적으로 임장 다닐 수 있습니다.

숫자를 너무 믿지 마세요

청약을 앞둔 부부는 신축 건물에 대한 전단지나 모델하우스에 큰 관심을 보입니다. 청약을 하기 위해 '아파트 투유' 사이트도 자주 접속합니다. '내 집 마련의 꿈'을 이룰 수 있는 가장 효율적인 수단을 활용하기에 앞서 들뜬 마음에 많은 정보를 탐색하곤 합니다. 이 시기에 주의할 점이 있습니다. 첫 단원에서 노출·광고의 위험성을 설명한 것과 맥락을 같이 하는 과장 광고의 우려입니다. 집을 마련하기 위한 기본적인 요소들을 취합하면서 우리는 상당히 많은 정보를 접하며, 그 과정에서 과장 광고에 노출됩니다. 소비자들이 과장 광고 때문에 피해를 보는 사례가 많아 규제가 강화되긴 했지만 일부 업체에서는 교묘하게 법의 테두리 안에서 과장 광고를 써먹고 있습니다. 이에 속아 넘어가지 않도록 경계해야 합니다.

업체에서 광고에 이용하는 기본적인 수단은 평수와 역세권을 강조하는 겁니다. 역세권인지 아닌지 여부는 앞서 설명한 포털사이트 지도를 활용하면 쉽게 확인할 수 있으니 여기서는 평수에 대한 속임수를 파헤치도록 합시다.

과장 광고인지 여부를 확인하려면 우선 평의 개념을 정확히 알아야겠죠? 계산하는 법부터 알아보겠습니다. 요즘에는 평보다는 m^2로 많이 사용합니다. 우리가 흔히 이야기하는 1평은 $3.3058m^2$입니다. 반대로 $1m^2$는 0.3025평이고요. 한국인이 '평'에 익숙해져있기 때문에 m^2으로 나와 있다면 쉽게 0.3을 곱하면 대략적인 평수를 알 수 있습니다.

아파트를 거래할 때 사용되는 '면적'이라는 단어에는 여러 종류가 있습니다. 우리가 흔히 이야기하는 '우리 집은 00평이야'는 '전용면적'을 뜻합니다. 현관 안쪽부터 발코니까지 실제 생활에 이용하는 공간의 면적이죠. 계단이나 복도 등과 같이 거주하는 사람들이 함께 쓰는 공간의 면적을 '주거 공용면적'이라 부르며, 관리사무소나 경로당과 같은 시설에 대한 면적을 '기타 공용면적'이라고 합니다.

흔히 모델 하우스나 전단지를 살펴보면 평수가 큰 글씨로 강조돼 있습니다. 하지만 이 평수를 곧이곧대로 받아들이면 안 됩니다. 기재된 평수는 실제 주거에 적용되는 전용면적이 아닐 경우가 많습니다. 큰 글씨는 대개 전용면적과 주거 공용면적을 합한 '공급면적'입니다. 전용면적은 공급면적보다 작은 글씨로 적혀 있곤 합니다.

만약 주거 공용면적이 큰 집을 구매한 사람은 "우리 집이랑 평수가 같은데 너희 집이 더 넓어 보인다"고 이야기할 가능성이 커집니다. 전용면적에 비해 주거 공용면적이 크다면 살면서 '집이 좁다'고 느낄 수밖에 없습니다. 면적의 교묘한 차이를 인식하지 못하고 광고하는 평수만 고려해 계약을 한다면 난처한 상황이 벌어지겠죠? 과장된 정도가 큰 집일수록 미래에 집을 되팔 때에도 어려움을 겪을 수밖에 없습니다.

어디에 있는 부동산을 살까요?

사람이 있어야 부동산도 있다

거주 목적으로 집을 구매하든 투자 목적으로 집을 구매하든 '어디에 있는 집을 사야 하는가'는 1차원적인 난제입니다. 큰 금액이고, 장기적으로 묶여 있는 자산이기 때문에 이 고민에 신중할 수밖에 없습니다.

제가 강의를 할 때에도 "그럼 어디에다 투자하는 게 좋은가요?"라고 묻는 분들이 많습니다. 저는 단호하게 이야기합니다. '서울, 세종, 부산'을 중심으로 보라고 말이죠. 특정 지역만을 지목한다는 게 기분 좋을 수가 없습니다만 다가오는 흐름을 어찌 거부하겠습니까?

'모로 가도 서울만 가면 된다'라는 속담은 어쩌면 현 시대 부동산 투자에 적합한 말일지도 모릅니다. 부동산 시장에서 우스갯소리로 하는 말이 '대한민국이 망해도 강남 집값은 오른다'입니다. 대한민국을 대표하는 곳이기 때문이지만 그만큼 유동인구가 많다는 이유도 있습니다.

기본적으로 부동산은 사람이 있어야 존재할 수 있는 산물입니다. 이용하거나 거주할 사람이 없는 건물은 아무런 의미가 없습니다. 대한민국 전역이 활발하면 좋겠지만 이건 이상일 뿐입니다. 출산율이 감소하면서 전 지역의 인구가 줄어들고 있습니다. 상대적으로 낙후된 외곽지역은 더 말할 것도 없죠. 우리가 산골이나 오지라 부르는 곳은 젊은 층이 많지 않습니다. 거의 대부분이 노인입니다. 그분들이 돌아가시면 아무도 남지 않습니다.

요즘은 귀농 수요가 많아져 일부 지역에는 젊은 층이 많아졌지만 이는 말 그대로 일부 지역에 국한됩니다. 귀농 인구가 앞으로 늘어나더라도 절대적으로 감소하는 인구를 충당할 수는 없습니다. 인구가 적어 예산이 부족한 지자체는 더 나은 귀농 유치 정책을 펼치기에도 제한적일 수밖에 없습니다. 그렇지 않은 지역에 비해 인구 유입이 더 적어질 테고, 상대 지역과의 격차는 더욱 커질 겁니다. 당연히 부동산 투자 매력이 더욱 떨어지게 됩니다.

이는 비단 우리나라만의 문제가 아닙니다. 가까운 일본부터 미국, 유럽 등 전 세계적으로 인구문제는 심각한 사회 이슈며, 이로 인해 파생되는 지역 균형 붕괴를 막기 위해 각국 정부가 다양한 정책을 내놓고 있습니다. '지역 경제 활성화'를 모토로 말이죠.

그렇지만 근본적인 출산율 문제가 해결되지 않기 때문에 한계가 명백히 드러나고 있습니다. '도쿄에 있는 땅만 팔아도 미국 전체를 살 수 있다'는 말이 나올 만큼 유명한 일본 부동산 시장도 지방 쇠락으로 몸살을 앓고 있습니다. 버블이 꺼지면서 사람이 살지 않는 '유령도시'가 등장하기도 했으며 2015년에는 주택을 무료로 제공하는 지역까지 등장했습니다. 축구 도시로 유명한 영국 리버풀 역시 단돈 1파운드에 집을 제공하는 정책을 내놓고 있습니다만 그 효과는 크지 않습니다.

고령화 속도가 독보적인 한국의 지방 부동산 시장 역시 암울할 수밖에 없습니다. 초도심이 아니고서야 언제 수익을 낼 수 있을지 가늠하기 어렵습니다. 상가의 경우도 도심에서 멀어질수록 공실률이 극심합니다.

넓게 봐도 투자 매력이 큰 지역을 찾기 어렵습니다. 정부에서나 각 지자체에서 지역 활성화와 특성화 명목으로 각종 정책을 꾸준히 내고 있지만 상주인구가 절대적으로 늘지 않는다면 효과가 떨어질 수밖에 없습니다.

제가 보통 서울, 세종, 부산 세 지역을 일컫지만 실질적으로는 서울을 최종 목표로 삼는 게 맞다고 봅니다. 세종시만 하더라도 행정수도라는 대대적인 정책의 일환으로 활성화시켰지만 거시적인 관점에서 긍정적이기만 할 수는 없습니다. 교통이 지금보다 발달한다면 서울·수도권에서 출퇴근하는 사람이 더 늘겠죠.

이러한 흐름에서 원하는 시점에 수익으로 환원하고, 보다 확정적으로 투자에 임하고자 하는 사람은 서울과 수도권 매물에 집중하는 게 바람직합니다. 서울 집값이 천정부지로 치솟았다고 하지만 저렴한 아파트들도 아직 많습니다. 한강 위쪽에 대다수 포진돼 있지만 이들 지역이 앞으로 개발 관련 호재는 더욱 많습니다. 이미 개발된 지역들을 재개발하는 것보다 개발이 되지 않은 지역을 개발하기 수월하며, 조금 먼 미래인 통일 한국 시대를 고려한다면 남부보다는 북부가 매력이 큽니다.

재건축은 돌고 돈다

재건축 아파트 역시 서울과 수도권을 주목해야 하는데 그 이유 중 하나는 '신도시 재개발'에 있습니다. 신도시는 정부 차원에서 개발을 주도하는 도시들입니다. 2019년에 제3기 신도시가 추가로 발표됐습니다. 앞으로도 어떤 이유에서건 신도시는 계속 등장할 겁니다.

먼 미래에 신도시가 될 지역에 투자를 하면 좋겠지만 이 정보를 얻기는 하늘에 별 따기겠죠. 그보다는 이미 신도시의 영예를 누렸던 지역들을 바라보는 게 현실적입니다. 신도시가 된다고 해서 무조건 집값이 폭등하거나 큰 수익을 벌 수 있는 건 아니니까요. '신도시로 개발되면 어떤 이점이 있고, 이로 인해 해당 지역 부동산 시장이 과열될 것이다'라는 예상으로 신도시 선정 전후 해당 지역은 거래가 활성화됩니다. 그렇지만 예상에 비해 실제 효과가 미미할 경우 집값이 오르지 않거나 오히려 떨어지는 걸 막을 수 없습니다. 긁지 않은 복권이니만큼 큰 위험도 동반됩니다. 그렇기 때문에 예정된 신도시보다는 기존에 잘 정착된 '선배 신도시'의 재건축을 바라보고 투자하는 게 진입장벽은 높아도 더 안전합니다.

제1기 신도시는 벌써 재건축의 계절이 도래하고 있습니다. 당시 지어졌던 건물들이 곧 재건축 1차 기준이 되는 완공 30

주년을 채우게 됩니다. 분당과 일산으로 대표되는 제1기 신도시는 주택 대량 공급의 일환으로 진행됐습니다. 1990년대 초반 진행된 1기 신도시 개발로 200만호에 달하는 주택이 공급됐습니다. 이 당시 지어진 건물들이 30년이라는 수명을 채운 셈이죠. 머지않아 재건축 논의가 활발히 진행될 겁니다.

사회초년생인 우리가 당장에 투자하긴 어렵겠지만 그래도 낙심하지 마세요. 우리가 실질적으로 투자를 하게 될 즈음에는 2기 신도시가 1기 신도시와 유사한 상황을 맞게 됩니다. 2기 신도시에 투자하기 어려워도 괜찮습니다. 이제 막 선정된 3기 신도시도 미래에는 재건축을 합니다. 그 사이에 우리는 준비를 하고 매물을 찾으면 됩니다.

2기 신도시는 2003년부터 건설되기 시작했으며, 폭등하는 서울 집값을 억제하기 위해 시행됐습니다. 서울시 송파(위례), 경기도 판교와 평택, 충남의 천안·아산에 이르기까지 대대적으로 펼쳐졌습니다. 1기 신도시 재건축이 진행되면 자연스럽게 2기 신도시 역시 재건축을 준비하게 됩니다. 그렇게 3기 신도시까지 재건축에 들어서는 과정에서 4, 5기 신도시도 등장할 겁니다. 새롭게 신도시가 개발되는 만큼 끊임없이 재건축 투자처도 마련됩니다.

부동산 투자를 할 때 가장 많이 고려하는 방식이 재건축 시점에 다다른 아파트에 투자하는 겁니다. 단순히 일정 기

양주 옥정·회천
파주 운정
김포 한강
고양 일산
남양주 왕숙
인천 검단
인천 계양
서울
하남 교산
부천 중동
송파 위례
안양 평촌
과천
성남 판교
군포 산본
성남 분당
화성 동탄
수원 광교

● 1기 신도시
● 2기 신도시
● 3기 신도시

자료: 국토교통부

수도권 주요 신도시 현황

간 보유하고 매매해 시세 차익을 올리는 것보다는 그 사이에 재건축을 진행하는 건물이라면 훨씬 큰 수익을 기대할 수 있겠죠. 하지만 재건축에 너무 몰입한 나머지 점점 지방으로 눈이 쏠리는 이들도 있는데 신도시를 거점으로 삼아 서울·수도권에 있는 매물들의 재건축을 기대하고 투자하는 게 위험부담이 적습니다.

부동산 초보들은 장기적으로 바라봐야 합니다. 첫 주택 마련이라고 하면 다양한 목적을 포함한 구매로 이어질 경향이 큽니다. '거주'와 '투자' 두 마리 토끼를 잡으면서 출퇴근 거리와 자녀 학군까지 고려해 집을 선택해야 합니다. 그럴수록 단기간의 욕심보다는 안정적인 투자 기회를 잡는 게 중요합니다.

경험이 쌓이고 투자 기술이 늘어나면, 그리고 급여의 인상과 단기적인 투자로 인한 목돈 마련이 가능해지면 경매처럼 빠른 호흡의 부동산 투자도 가능해집니다. 사공이 많으면 배가 산으로 넘어갑니다. 여러 마리 토끼를 잡아야 하는 첫 부동산 구매 시에는 거시적인 안목으로 안정적인 선택을 하시기 바랍니다.

부동산의 파트너, 세금

첫 주택 구매를 앞두고 있는 많은 사람들은 꿈에 부풀어 상상의 나래를 펼치곤 합니다. 내가 산 집이 몇 년 뒤에는 얼마가 오를 것이고, 오른 만큼 평수를 늘리거나 그 금액에 맞는 새로운 부동산을 사야겠다는 식의 상상입니다. 하지만 막상 그만큼의 수익이 나도 통장에는 그 금액이 온전히 들어오지 않습니다. 상상에는 우리가 내야 하는 세금이 전혀 포함되지 않았으니까요. 이는 대부분의 초보 부동산 투자자들이 겪는 오류이기도 합니다. 부동산 투자 시에는 수익률만 바라봐선 안 됩니다. 이런 우를 범하지 않기 위해 이번에는 구매에서 매각에 이르기까지의 과정에서 발생하는 부동산 관련 세금을 살펴보도록 하겠습니다.

앞에서는 세금 관련해서 크게 강조하지 않았습니다. 이자소득세를 제외했을 때 아직 큰 자산이 없는 우리가 무리한 세금 이슈에 직면할 확률은 거의 없기 때문입니다. 은행·보험·주식 등 각종 금융 상품을 이용하면서 우리가 세금으로 걱정하는 경우는 금융소득종합과세 대상자가 됐을 때부터입니다. 금융소득종합과세 대상자는 모든 금융소득의 합이 2,000만 원 이상인 사람입니다. 여기에서 말하는 금융소득이란 은행이나 보험 상품을 통해 거둔 수익인 이자, 주식 매수 후 받게 되는 배당소득 등 금융 거래 과정에서 원금 이외에 벌어들인 금액입니다.

우리가 금융소득종합과세 대상자에 지정되려면 주식 고수가 돼 큰 수익을 거두거나 큰 금액을 은행·보험사에 납입해야 합니다. 후자일 경우 2% 이율의 적금에 무려 10억 원이 넘는 돈을 거치해야 산술적으로 금융소득종합과세 대상자가 됩니다. 그렇기 때문에 우리가 당장 금융소득종합과세 대상자로서 세금을 걱정할 이유는 없습니다. 만약 금융소득종합과세 대상자가 되면 근로소득·부동산임대소득 등 모든 소득과 금융소득을 합산해 누진세를 적용합니다. 대상자가 아니라면 각각의 소득에 세금을 따로 내지만, 전체 소득을 합산한 뒤 누진세까지 적용하면 세금 납부 부담이 급증합니다. 하지만 가정했듯이 당장에 우리가 목돈을 모아 재테크를 해나가는 과정에서 마주할 일은 아닙니다.

그렇지만 부동산 구매는 이야기가 다릅니다. 투자가 아닌 오로지 거주 목적으로 구입하더라도 집은 살 때부터 되팔기까지 전 과정에 세금이 결부돼 있습니다. 특히나 우리 대부분은 대출을 안고 집을 구매할 확률이 높습니다. 주택을 보유하면서 등장하는 각종 세금을 파악하고 있지 않다면 내 집 마련의 꿈은 길몽이 아닐 수도 있습니다. 악몽이 되는 걸 방지하기 위해서는 부동산과 관련된 세금이 어떤 것들이 있는지 파악하고 주택을 보유·매매하면서 지불해야 하는 금액을 가늠하고 있어야 합니다.

일반적인 부동산 거래는 '취득→보유→양도'의 과정을 거칩니다. 이 세 과정에서 모두 세금을 내야 합니다. 건물의 종류에 따라 지불해야 하는 세금이 일부 다르지만 지식 함양 차원에서 구분 없이 소개하겠습니다.

부동산 세금은 나라에 내는 국세와 지방자치단체에서 거두는 지방세로 구분됩니다. 가장 먼저 취득 시에는 국세인 부가가치세, 지방세인 취득세가 등장합니다. 이 세금은 등기에 소유주로 등록이 됨과 동시에 내야 합니다.

절차가 마무리돼 부동산등기부등록 상에 우리의 이름이 명시가 되면 우리는 보유세 대상자가 됩니다. 어떠한 형태의 부동산이든 소유하고 있는 자라면 내야 하는 세금입니다. 보유하고 있을 때에는 국세인 종합부동산세와 지방세인 재산세가 과세됩니다. 재산세는 7월과 9월에, 종합부동산세는 12월에 납부합니다. 부동산을 보유하고 있다가 일정 수익이 발생하거나 기타 사유로 다른 사람에게 팔 때에는 양도세와 지방소득세를 내야 합니다. 거래가 성사되고 2개월이 되는 달의 말일까지 신고를 마쳐야 합니다.

부동산 투자 방식 중에는 임대가 있습니다. 아파트나 오피스텔을 구입한 뒤 세입자를 받아 임대수익을 올리는 거죠. 이 때에도 그저 수익만 거둘 수 있는 게 아닙니다. 다른 사람에게 부동산을 임대하려면 우선 임대사업자를 등록해야 합니다. 이 때 신고비용이 들며 사업을 영위하는 과정에서 정부는 부가가치세와 종합소득세를 징수합니다. 이와 더불어 지방소득세 또한 내야 합니다.

부모님으로부터 상속 혹은 증여를 받아 부동산을 소유하게 되는 경우도 있습니다. 이 때에는 상속·증여세를 냄과 동시에 취득세를 납부할 의무가 있습니다.

생각보다 다양한 세금이 각 과정들 속에 숨겨져 있다는 게 느껴지시나요? 그렇기 때문에 부동산 투자 시 수익률 산정에 세금이 꼭 포함돼야 합니다. 정부에서 매년 발표하고 있는 최근 몇 년간의 부동산 정책 추세를 보면 더 많은 주택을 보유한 사람일수록 큰 세금 부담을 지도록 바뀌고 있습니다. 부동산 정책이 정부의 성향에 따라 혹은 시장 흐름에 따라 큰 변화를 겪지만 크게 치솟은 집값이 안정화되지 않는다면 이 기조가 단번에 바뀌기는 어렵습니다.

다시 말해 장기적으로 부동산 투자에 집중하려는 분이라면 관련 세법에 대해 심층적으로 공부해야 한다는 겁니다.

서울도시계획포털

부동산과 관련해서는 서울시에서 운영하고 있는 '서울도시계획포털' 사이트를 소개하고자 합니다. 각 지자체마다 부동산 관련 정보를 안내해주는 경로가 있는데 서울시에서는 서울도시계획포털이 이를 담당하고 있습니다.

서울시 내에서 이뤄지는 모든 부동산 관련 개발이나 규제 지정 등은 서울시의 승인을 통해서 이뤄집니다. 일련의 과정은 도시계획위원회, 도시건축공동위원회, 토지수용위원회, 지방지적위원회의 회의가 선행됩니다. 부동산 투자에 있어 이 4개 위원회의 회의 안건과 그 결과는 매우 중요합니다. 앞으로 투자해야 할 곳에 대한 힌트를 찾을 수 있기 때문입니다. 이 힌트는 결정적이면서 신뢰도 역시 아주 높습니다. 방향의 결정권자인 서울시 산하 위원회들의 회의를 통해 나오는 것이니까요.

우리가 가장 먼저 주목해야 할 위원회는 도시계획위원회입니다. 도시계획위원회에서는 서울시 인프라(공원, 녹지 조성 등) 개발이나 노후 아파트의 재건축 등 부동산 개발과 관련한 모든 사안을 심의합니다.

논의해야 하는 지역과 대상을 선정하고, 어느 시점에 어떤 식으로 진행할지를 도시계획위원회에서 모두 논의합니다. 매 회의마다 어떤 안건을 진행할지 사전에 공지합니다. 회의 후에는 회의 결과를 열람할 수 있도록 서울도시계획포털에 게시하므로 누구나 자유롭게 이 결과를 열람할 수 있습니다. 우리는 이 회의 결과를 지속적으로 추적해 적절한 투자처를 확보할 수 있습니다. 꾸준하게 열람하면서 시세를 검색하는 등의 과정을 거치면 자신의 투자 여건에 적합한 매물을 찾아낼 수 있습니다.

이와 같은 과정은 내부 정보의 특혜를 받는 소수 몇몇을 제외한 사람들보다 빠른 시기에 좋은 매물을 선점할 수 있는 기회를 제공합니다. 회의록에 기재된 정보들은 기사로 등장하기 이전에 확인할 수 있는 정보들이기 때문에(기자들은 회의 결과가 정리된 보도자료를 토대로 기사를 작성합니다) 남들보다 앞서서 움직일 수 있습니다. 가결된 안건보다 보류되거나 이제 막

논의에 들어선 매물이 합리적인 가격을 형성하고 있을 가능성이 높습니다. 원안 가결되거나 수정 가결된 물건들은 이미 치열하게 거래가 이뤄졌을지도 모릅니다. 서울도시계획포털을 꾸준히 살펴보는 건 치열한 서울 부동산 시장에서 경쟁력을 갖출 수 있는 좋은 무기가 될 겁니다.

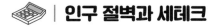 **| 인구 절벽과 세테크**

늘어나는 세금 부담

다시 한 번 인구 문제를 살펴보도록 하겠습니다. 다가
올 미래에 우리는 세금을 더 많이 낼 수밖에 없는 '운명'에 처
할 것입니다. 출산율을 극적으로 반전시킬 만한 상황이 발생
할 일이 없기 때문입니다. 특히 노년층이 비약적으로 증대하
면서 국가의 부담이 가중되고 있기 때문에 우리는 항상 '출산
율', '국가 부채와 세수', '국민연금', '장기요양보험', '건강보

험' 등의 뉴스를 주목해야 합니다. 예전에 국가 부채가 1초에 139만 원씩 늘어나고 있다는 기사가 나온 적이 있습니다. 그만큼 우리나라는 각종 부채로 몸살을 앓고 있습니다. 5년에 한 번씩 정권이 바뀌지만 포퓰리즘(populism)에 기인한 복지 정책만 앞세우며, 근본적인 해결책은 내놓지 않고 있습니다. 근거가 부족한 정책은 오히려 부채를 증가시키는 요인으로 작용합니다. 부족해지는 나라 곳간은 결국 우리 세금으로 메워야 합니다.

국가에서 제공하는 1차적 복지인 건강보험, 공적연금은 그 구조 자체를 바꿔야 할 만큼 부채에 큰 영향을 미치고 있습니다. 나라에서는 평생에 걸쳐 지급하기로 약속하고 만든 정책이지만 그 약속을 지키는 게 여간 힘든 게 아닙니다. 과거 위 정책들을 만들었을 때와 지금의 인구상황이 너무 다르기 때문입니다. 고령사회가 되면서 대두된 노인 문제 중 치매와 같은 장기요양 관련 질병은 우리 사회 최고의 난제입니다. 그 무엇보다 많은 비용이 드는 장기요양 질병에 대처하기 위한 대응책으로 장기요양보험이 등장했지만 이 역시 우리의 부담을 가중시키고 있습니다.

2019년 발표된 내용을 살펴보면 2020년 장기요양보험료율 인상률이 무려 20.4%포인트입니다. 실제 인상률도 10.25%에 달합니다. 그만큼 사회적 혜택을 제공하기 위해 유지돼야 하는 재정에 빨간 불이 들어왔다는 의미입니다. 국민연금, 건강보험 역시 마찬가지죠. 우리의 급여에서 더 많은 부분을 앞으로 납부해야 한다는 사실을 인지하는 게 세테크의 기본입니다.

이 위험을 상쇄하기 위한 방법 중 하나는 부양가족을 늘리는 겁니다. 부모님과 협의해 제한이 없다면 부모님 등 가족을 부양가족으로 등록해 연말정산 시 혜택을 보면서 대응해야 합니다. 시나브로 지출되는 세금 변화를 명확히 인지하고 있어야만 손실만큼 회복하겠다는 의지가 생기고, 이 의지가 세테크로 이어질 수 있습니다.

줄어드는 세제 혜택

안타깝게도 세금 지출 압박이 커지는 것에 반비례해 우리가 누릴 수 있는 세제 혜택은 지속적으로 줄어들거나 사라지고 있는 추세입니다. 부채가 늘어나고 있는 정부 입장에서는 어쩔 수 없는 선택입니다. 우리는 늦기 전에 세제 혜택을 받을 수 있는 상품들을 선점해야 합니다.

세테크의 중심이 되는 비과세부터 살펴보겠습니다. 비과세는 현재 '단계별 폐지' 수순에 놓여 있습니다. 폐지 과정은 기간과 한도, 혜택 상품의 종류 두 가지로 나눕니다.

저축성 보험을 예로 기간과 한도를 먼저 살펴보겠습니다. 최초 저축성 보험 비과세가 등장했을 때에는 3년이라는 기간만 유지하면 혜택을 받을 수 있었습니다. 이 약정기간이 5년, 7년으로 늘더니 2004년 이후부터는 10년 이상 상품을 유지해야 비과세 혜택이 적용되기 시작했습니다. 우리가 알고 있는 5년 이상 납입, 10년 이상 유지라는 엄격한 기준이 형성됐죠. 한도 역시 과거 무제한으로 운용할 수 있었던 것이 일시납 1억원, 추가납입 포함 월납 150만 원으로 대폭 줄어들었습니다. 우리가 받을 수 있는 혜택의 한도가 준 겁니다.

저축성 보험을 비과세의 대표로 꼽는 이유는 기존에 있던 비과세 관련 상품들이 지속적으로 사라지고 있기 때문입니다. 최근에 사라진 비과세 상품 중에 하나는 해외주식형 펀드입니다. 해외 주식에 대한 투자가 활발했던 과거에 등장한 비과세 혜택 상품이었지만 2017년 12월 31일 이후로 우리 곁을 떠났습니다. 이자소득세를 면제받는 비과세 이외에도 세금을 덜 내는 수단은 있습니다만 이 수단들도 그 기능을 점차 상실하고 있습니다. 자진신고 할인제도도 그중 하나인데, 이 제도는 부모님께 증여를 받을 때에나 우리가 증여를 할 때 발생하는 증여세 부담을 줄여주는 제도입니다. 적법하게 신고를 한다면 지불해야 하는 증여세 중 일부를 할인해줍니다.

그러나 2017년 7%를 할인해주던 공제율은 2018년 5%,

2019년에는 3%로 줄어들었습니다. 이를 알고 미리 증여를 한 사람은 세금을 덜 내면서 증여하는 세테크를 한 셈이죠. 이와 같은 공제 제도 역시 머지않아 사라질 전망입니다.

세테크로 이익을 보려면 이러한 혜택들이 사라지기 전에 최대한 활용하는 수밖에 없습니다. 공제제도에 영향을 미치는 결제 방식을 선택해야 하며, 금융 상품을 이용할 경우 제도의 수혜자가 돼야 합니다. 가능하면 전통시장에서 장을 보고, 욕심을 좀 덜어내 새 차보다는 상태 좋은 중고차를 사는 식으로 말이죠.

그중 금융 상품을 이용할 때에는 혜택이 적용되는 상품들이 있는지 먼저 살펴봐야 합니다. 적은 금액이어도 계약을 유지만 하고 있다면 해당 혜택이 사라지더라도 기존 가입자들은 그 이점을 지속해서 받을 수 있습니다. 물론 금액이 적다면 받게 되는 실질적인 이익도 적겠지만 인구문제가 더 심각해질 미래에는 세테크를 하고 있는 자가 더 유리한 위치에 있을 수밖에 없습니다.

정부에서 시기마다 발표하는 세금 관련 정책들 역시 유심히 살펴보시기 바랍니다. 과거 재형저축이 사라졌을 때 많은 사람이 안타까워했습니다. 이러한 상품이 있었던 것도 모르던 사람들은 더 안타까워했죠. 여력이 안 돼 잡지 못하는 건 어쩔 수 없지만 몰라서 놓치는 일은 없어야 합니다.

국세청의 목소리를 들어주세요!

가뜩이나 어려운 세금 관련 소식을 능동적으로 찾는다는 건 보통 의지로 할 수 있는 일이 아닙니다. 아직까지 신문을 읽는 게 습관이 들지 않은 분에게는 더욱 어렵습니다. 그래도 포기하지 마세요. 하늘은 스스로 돕는 자를 돕는다고 하듯 이런 분들을 위해 국세청이 동분서주하고 있습니다.

우리가 살고 있는 대한민국은 각종 콘텐츠 열풍으로 가득합니다. 엔터테인먼트 업계를 비롯해 기업뿐 아니라 각 개인도 남녀노소 불문하고 다양한 콘텐츠를 생산하고 있습니다. 정부 기관들 역시 이러한 흐름에 발맞추고 있습니다. 모든 행정부처는 국민들을 위해 이전부터 여러 안내 자료를 만들어 배포해왔습니다. 지금처럼 IT 매체가 발전하기 이전에는 책자 형식으로 제공했으며, 이후에는 이를 PDF 파일로 홈페이지에 게재했습니다. 최근에는 이러한 자료들이 만화, 동영상 등 다양한 유형으로 진화했습니다. 보는 사람이 보다 쉽게 이해할 수 있도록 꾸준히 노력을 기울이고 있습니다.

국세청 역시 마찬가지입니다. 우리는 국세청이 자체적으로 운영하고 있는 블로그나 유튜브를 통해서 세테크와 관련한 정보들을 수집할 수 있습니다. 세금과 결부된 모든 과정을 총괄하는 부서에서 제공하는 정보인 만큼 다른 기업이나 기관

출처의 정보들보다 정확하기까지 합니다.

워낙 친숙하지 않은 분야라 사람들의 관심이 높고 그로 인해 피해를 보는 국민도 많아 국세청에서는 심혈을 기울여 매년, 매월 변화하는 내용들을 안내하고 있습니다.

세금 분야에서 직장인 최고 관심사 중 하나인 연말정산은 국세청 상담직원이 하나하나 요소별로 설명해주고 있습니다. 동영상으로 말이죠. 매년 바뀌는 세금 관련 정책, 새롭게 등장하는 혜택들 역시 국세청에서 운영하고 있는 여러 채널을 통해서 인지할 수 있습니다.

국세청 메인 페이지에서는 세금 관련 주요 일정들을 확인할 수도 있습니다. 사업자에게 보다 효율적인 메뉴로 종합소득세, 개별소비세, 환경세 등 다양한 세금의 납부·신고 기간을 한 눈에 파악할 수도 있습니다. 개인사업자, 법인사업자, 근로소득자, 부동산소득자, 해외투자자 등 납세자 유형별로 원하는 정보만 추려서 확인하는 것도 가능합니다.

이렇듯 방대한 정보를 운영·제공하고 있기 때문에 우리는 약간의 노력만 들여도 사라져가는 혜택을 챙길 수 있습니다.

국세청 홈페이지에서 볼 수 있는 내용은 다소 딱딱할 수 있습니다. 순수한 정보 제공에 그 목적이 있으니까요. 그렇지만 주기적으로 블로그나 유튜브를 방문하면 생각 이상으로 쉽게 관련 내용을 이해하고 활용할 수 있습니다. 어려운 내용이라고 어렵게 공부하라는 법은 없습니다. 쉽게 이해하고 접근할 수 있도록 국세청이 열심히 외치고 있습니다. 일반 근로자들이 알아야 하는 기본적인 세금 이슈는 그다지 많지 않습니다. 최소한 연말, 연초에는 국세청의 목소리를 들어주세요. 조금만 노력해 세금을 이해한다면 누구보다 효율적으로 세테크를 해낼 수 있습니다.

연말정산 정복하기

　　　사업을 시작하는 분들은 다양한 정보를 습득하곤 합니다. 시작하기 전에 알아야 할 사항들이 생각보다 많거든요. 그렇게 찾다보면 정부에서 새내기 사업가들을 위해 지원해주는 정책들도 알게 됩니다. 그러면서 이렇게 이야기하곤 합니다. '생각보다 눈 먼 돈이 많네요?'

　　정부에서는 국민을 위해 다양한 정책을 펼치고 있습니다. 우리가 실질적으로 체감할 수 있는 건강검진과 같은 직접적 지원 이외에도 신청·심사 등의 과정을 거쳐 금전적인 지원을 받을 수도 있습니다. 그렇지만 후자의 경우에는 '아는 사람'만이 그 혜택을 누립니다.

방대한 분야의 지원 장치가 마련돼 있지만 이를 시기적절하게 사용하는 사람은 많지 않습니다. 누군가는 귀찮아서 찾아보지 않을 수도 있고, 또 다른 누군가는 크지 않는 혜택이라 넘길 수 있습니다. 이들과는 다르게 알뜰한 사람들은 혜택 하나하나를 놓치지 않습니다. 이들이 꾸준히 모은 혜택은 시간이 지나면 지날수록 행하지 않은 이들이 부러워할 만한 수준의 격차를 보입니다.

직장인들이 연초에 가장 큰 관심을 갖는 연말정산 역시 신경을 쓰는 사람과 그렇지 않은 사람은 큰 차이를 보입니다. 오히려 '13월의 월급'을 받기는커녕 '13월의 폭탄'이 터져 일정 금액을 뱉어야 하는 직장인까지 있습니다.

2019년 기준으로 보면 연말정산 해당자 중 67%가 평균 58만 원을 받았습니다. 적지 않은 금액을 수령했습니다. 그렇다면 도대체 세금을 추가로 내야 하는 이들은 얼마나 될까요? 환급을 받지 못하고 세금을 토해낸 사람은 19%에 달했습니다. 이들이 다시 국세청에 내야 하는 금액은 평균 84만 원이었습니다. 매년 그 수치는 다르지만 일부 직장인들은 눈물을 머금고 매년 엄청난 금액을 뱉어내고 있습니다.

각자의 사정에 따라 추가로 세금을 내겠지만 대다수가 받는 환급금을 받지 못한다면 속이 쓰릴 수밖에 없죠. 수령하는 이도 남들보다 100원이라도 더 받는다면 왠지 모를 뿌듯함을 느낍니다.

급여를 받는 누구나가 대상자인 만큼 이야깃거리도 되고 관심도 높지만, 실제 연말정산에 대해 온전히 이해하고 이를 바탕으로 자산을 효율적으로 운영하는 사람은 생각보다 많지 않습니다. 매년 발생하는 연말정산 환급금은 알뜰하게 운영한 다면 상당히 매력적인 수입원이 됩니다. 조금만 관심을 갖고 소비 및 저축 시 습관을 들인다면 큰 노력을 기울이지 않고도 보다 많은 금액을 수령할 수 있습니다. 이 순간부터는 누구나 받을 수 있는 혜택을 확실하게 챙기도록 합시다. 연말정산은 그 시작입니다. 우리가 소득을 창출하는 걸 멈추기 전까지 연 말정산과 소득세 신고 등의 과정은 항상 따라다니는 수순입 니다.

특히나 세금은 어떠한 경제활동을 하더라도 함께 하는 산 물이며, 세금을 잘 이해할수록 남들보다 큰 이익을 거둘 수 있 습니다. 직장인에서 사업가로 변신한 사람이나 고소득을 버는 사람일수록 세금과 세법은 '알아야만' 하는 필수 소양입니다.

물론 세법은 어려운 부분이라 공부하기나 활용하기가 어렵 습니다. 그렇지만 기초적인 내용부터 하나씩 이해하고 적용시 켜나간다면 큰 무기가 될 겁니다. 우리에게 가장 친숙한 세테크 요소인 연말정산을 온전히 이해하고 다음해에는 올해보다 더 든든한 환급금을 수령하는 걸 목표로 해봅시다.

연말정산을 비롯한 세금과 관련한 다양한 정보는 국세청에서 수시로 안내하고 있습니다. 국민들이 더욱 수혜를 받을 수 있도록 국가에서 신경을 쓰고 있죠. 국세청에서 운영하는 홈페이지나 블로그를 통해서도 여러 정보를 얻을 수 있으니 여유 있을 때마다 한 번씩 방문해보면 좋습니다. 생각보다 자세한 설명이 나열돼 있으며 알기 쉽게 소개하고 있기 때문에 이제 막 취준생을 벗어난 분들이라면 한 번쯤은 꼭 들러보시기 바랍니다.

우선 우리가 매년 초 서류를 내고, 결과를 기다리는 연말정산이 어떤 건지 그 개념부터 정확히 살펴보도록 합시다. 2,400만 원의 연봉 계약을 체결한 근로자는 매월 200만 원의 급여를 수령합니다. 하지만 이 근로자는 온전히 200만 원을 받지는 않습니다. 4대 보험이라 불리는 보험료를 포함한 각종 세금을 차감한 금액을 수령하기 때문입니다.

이중에는 '소득세'가 가장 큰 부분을 차지합니다. 소득세는 특정 활동을 통해 거둬들인 소득에 대해 매겨지는 세금입니다. 일을 해서 벌어들이는 근로소득, 연금을 수령하게 될 경우 발생하는 연금소득, 주식을 매수한 주주가 수령하게 되는 배당금에 대한 배당소득 등 다양한 소득이 있고 그 소득마다 소득세가 부가됩니다.

중요한 건 소득세가 정확히 계산돼 차감되는 게 아니라는 겁니다. 기계적인 방식으로 '원천징수'하게 되는데, 이후 경제 활동을 고려한다면 더 지불하게 되는 세금이나 덜 내는 세금이 생길 수가 있습니다. 이를 바로잡아 돌려주거나 추가적으로 징수하는 과정을 연말정산이라고 합니다.

연말정산의 공식 명칭은 '○○○○년 귀속 연말정산'입니다. ○○○○년은 해당 연도를 의미하며, 해당 연도가 마무리되면 다음해 1~2월에 공제 관련 서류를 근무하고 있는 회사에 제출하는 기간이 시작됩니다. 2020년 초에 시행하는 연말정산은 '2019년 귀속 연말정산'인 셈이죠. 추가 제출기간을 포함해 3월 초가 되면 신고 기간이 종료됩니다. 이 기간이 끝나면 회사는 국세청에 일괄 신고를 합니다. 이를 바탕으로 국세청은 과납부한 이에게는 환급을, 반대의 경우에는 추가적으로 세금을 징수합니다.

매년 다가오는 연말정산 기간이지만 미리 준비하지 않은 사람들은 서류 준비에 혼을 빼기 일쑤입니다. 다행히 최근에는 '연말정산 간소화 서비스'가 등장하면서 기본적인 소비 활동에 관한 증빙 서류는 클릭 몇 번으로 제공할 수 있습니다만, 홈페이지에서 제공하지 않는 일부 자료들은 직접 준비해야만 합니다. 그렇기 때문에 기간 내에 관련 서류를 제출하기 위해 동분서주하는 직장동료들을 쉽게 찾아볼 수 있죠. 만약 정해진 기간 내에 관련 서류들을 내지 못하면 번거로운 상황이 연출되고 맙니다.

2020년에는 3월 11까지 신고를 마쳐야 합니다. 기간 내에 관련 서류를 다 제출하지 못한다면 5월에 다가오는 '종합소득세신고기간'에 별도 제출하면 일괄 소급 적용됩니다. 특별한 이유가 없는데 이 기간에도 서류를 제출하지 못한다면 본인 자산에 관심이 없다고 봐야겠죠? 그런 분들은 많지 않지만 이 기간 내에 증빙 서류를 다 제출하지 못해도 걱정하실 필요는 없습니다. 유예기간 5년이 있거든요. 이 기간 내에만 해당 서류를 제출한다면 정산 결과에 반영됩니다. 하지만 회사에서 챙겨주는 시기에 맞추는 게 여러모로 편리합니다. 개인이 직접 국세청에 신고를 하는 건 여간 까다로운 작업이 아니니까요.

요즘에는 이직이 잦아 연말정산 시에 이로 인해 어려움을 겪는 분들이 있습니다. 한 해에 두 곳의 회사에서 근무했을 경우 이전 회사로부터 세부적인 급여 명세서인 '원천징수영수증'을 수령해 현재 근무하고 있는 회사에 추가 제출해야 합니다. 근무 여건이 좋은 회사라면 즉시 발급을 해주거나 퇴사와 동시에 관련 과정을 진행해주곤 하지만 그런 회사가 많지 않습니다. 근로자가 이전 직장에 발급을 요청하는 경우가 일반적인데 3월 안으로 발급을 받지 못하는 경우가 많죠. 이럴 경우에는 3월 이후에 홈택스 홈페이지를 통해 원천징수영수증을 직접 출력할 수 있습니다. 이 서류를 5월 종합소득세신고 기간에 제출하면 일련의 절차를 마무리할 수 있습니다.

지금까지 연말정산의 개념과 기본 흐름에 대해 살펴봤습니다. 우리에게 중요한 건 '13월의 월급'으로 만들기 위한 준비입니다. 이 준비는 일상생활에 습관으로 삼아야 좋습니다. 일일이 신경 쓰기에는 복잡할 수 있기 때문에 앞으로 열거할 내용들을 온전히 이해하고 습관으로 익히기 위해 노력해봅시다.

연말정산을 본격적으로 공부하기에 앞서 '공제'라는 용어를 이해해야 합니다. 이제부터는 '공제'라는 단어를 들으면 '나에게 좋은 거구나'라고 받아들이시면 됩니다. 쉽게 설명해서 공제는 우리가 세금을 내는 과정에서 기준이 되는 소득의 구간을 낮추거나 내야 할 세금의 양을 줄일 수 있는 법적인 '혜택'입니다. 공제 혜택을 받는 상황이 많은 해일수록 다음 년도에 환급받을 확률과 그 금액이 커지게 됩니다.

다음은 연말정산이라는 하나의 '과정'이 어떻게 이뤄지는지를 나타내주는 그림입니다. 여기에 등장하는 각각의 공제 요소들을 잘 이해하고 활용할수록 연말정산 결과가 긍정적으로 나타납니다. 이 흐름이 연말정산의 전부입니다. 매년 조금씩 혜택이 달라지기는 하지만 전체적인 과정을 한 번만 이해한다면 연말정산의 고수가 될 수 있습니다. 지금부터는 단계

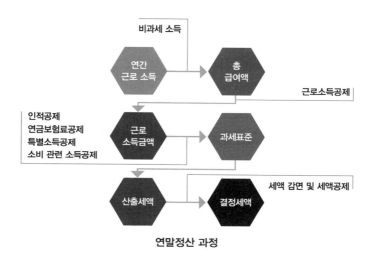

연말정산 과정

별로 하나씩 설명하도록 하겠습니다.

그림에서 살펴볼 수 있듯이 공제는 소득공제와 세액공제 두 단계로 분류됩니다. 정부에서 거두는 세금은 사회적으로 합의된 기준에 의해 징수합니다. 원천징수가 이뤄진 뒤 연말정산 과정을 통해 가장 먼저 우리는 소득공제를 받습니다. 소득공제 후 조정된 구간으로 실질적으로 지불해야 하는 세금이 결정됩니다(산출세액). 이후에 내야 하는 세금이 정해지면 그 세금을 '세액공제', '세액감면'을 통해 또다시 줄이게 됩니다(결정세액). 이 과정의 결과가 환급금 혹은 환수금이 됩니다.

당연히 연간 총 소득이라는 큰 주머니를 줄일 때가 그보다 훨씬 작은 세금 주머니를 줄이는 것보다 더 큰 도움이 되겠죠? 그래서 우리는 '소득공제'를 우선적으로 공략해야 합니다.

든든한 혜택, 소득공제

정부에서 거두는 세금의 기준을 '과세표준'이라고 부릅니다. 어떤 종류의 세금이든 과세표준을 기준으로 청구되는데 우리가 내는 소득세는 '연간 총 근로소득'을 잣대로 활용합니다.

이자소득과 같이 추가소득이 많아져 '금융소득종합과세대상자'로 선정되면 더욱 많은 세금을 내며, 세금을 줄이기 위한 대응도 복잡해지지만 우리에게 당장 해당되는 내용이 아니기 때문에 이 부분은 제외하겠습니다. 전체적인 수순을 이해하되, 우리가 직접적으로 챙겨나갈 수 있는 포인트에 집중하는 게 중요합니다.

다음 표에서 확인할 수 있듯 1차적으로 우리가 내는 소득세는 근로소득 과세표준을 기준으로 책정됩니다. 연봉이 2,000만 원인 근로자는 1,200만~4,600만 원 구간인 15%에 해당하는 소득세를 냅니다. 물론 실제 징수되는 세금을 계산하

과세표준	기본세율	기본세율(속산표)
1,200만 원 이하	과세표준의 6%	과세표준 × 6%
1,200만 원 초과 4,600만 원 이하	72만 원 + (1,200만 원 초과금액의 15%)	(과세표준 × 15%) − 108만 원
4,600만 원 초과 8,800만 원 이하	582만 원 + (4,600만 원 초과금액의 24%)	(과세표준 × 24%) − 522만 원
8,800만 원 초과 1억5천만 원 이하	1,590만 원 + (8,800만 원 초과금액의 35%)	(과세표준 × 35%) − 1,490만 원
1억5천만 원 초과 3억 원 이하	3,760만 원 + (1억5천만 원 초과금액의 38%)	(과세표준 × 38%) − 1,940만 원
3억 원 초과 5억 원 이하	9,460만 원 + (3억 원 초과금액의 40%)	(과세표준 × 40%) − 2,540만 원
5억 원 초과	17,460만 원 + (5억 원 초과금액의 42%)	(과세표준 × 42%) − 3,540만 원

과세표준에 기본세율을 적용한 계산

연간 총 근로소득 과세표준 구간

는 과정은 복잡합니다. 표를 통해서는 총 급여액과 세율의 상관관계만 인식하면 됩니다.

연말정산을 통해 받게 되는 혜택인 소득공제는 과세표준을 낮추는 역할을 합니다. 내야 하는 세율 구간 자체를 낮추는 겁니다. 연봉 5,000만 원의 근로자 A씨는 과세표준에 의거해 무려 24%의 소득세를 내야만 합니다. 그러나 A씨가 소득공제 적용을 받는 다양한 경제활동을 해 500만 원의 소득공제를 받았다면, 연말정산을 통해 기준이 되는 5,000만 원 구간이 4,600만 원 이하 구간으로 경감됩니다. 세율을 24%에서 15%로 낮출 수 있는 겁니다. 이렇게 세율이 낮아지면서 발생하는 차액을 연말정산 후에 환급받게 됩니다.

이제 자세하게 우리가 소득공제를 받을 수 있는 요소들을 살펴봅시다.

과정의 초반부인 '연간 근로소득-비과세소득-근로소득공제'입니다. 가장 먼저 등장하는 용어부터 난해하죠? 우리가 받는 순수한 급여의 합계를 연간 근로소득이라고 합니다. 그 중에는 10만 원 이하의 식대, 출산수당, 육아휴직 급여, 생산직의 연장근무소득 등과 같은 비과세소득이 포함돼 있습니다.

비과세 소득과 총 근로 소득 합계에 따른 근로공제가 소득 공제의 첫 단계입니다. 그렇지만 이중에서 우리가 개입할 수 있는 부분은 거의 없습니다. 이후에 등장하는 공적연금(국민 연금, 공무원 연금 등), 건강보험료 등에 대한 공제 역시 같은 이유로 넘어가도록 하겠습니다.

우리의 의지대로 조율 가능한 건 '인적공제'부터입니다. 연말정산을 한 번이라도 해본 분이라면 부양가족 여부 등을 체크해보셨을 겁니다. 인적공제를 받기 위한 과정입니다.

대부분의 사회초년생은 부양가족을 거느리고 있지 않습니다. 하지만 만 60세 이상 혹은 만 20세 이하의 가족(단, 장애인은 나이 제한이 없습니다) 중 연간 소득이 100만 원 이하인 자가 있다면 부양가족으로 등록할 수 있습니다. 가족에는 법적으로는 직계존·비속이라고 부르는 부모·자녀뿐 아니라 형제·자매도 포함됩니다.

부양가족 한 명당 무려 150만 원 한도의 공제를 받을 수 있습니다. 조건이 충족되는 가족이 있다면 당연히 부양가족으로 등록해야겠죠? 부모님의 연세가 70세 이상이거나 부양가족이 장애인, 부녀자, 한부모일 경우에는 추가공제까지 받을 수 있습니다. 절대 놓쳐서는 안 되는 대표적인 소득공제입니다. 부양가족을 등록할 때에는 연말정산뿐 아니라 청약을 비롯한 다양한 경제활동에서 이점이 있으니 해당할 경우에 꼭 챙겨야 합니다.

대표적으로 소득공제를 받는 항목은 '소비활동'이 주요기준으로 작용합니다. 왜 소비를 공제해주는 걸까요? 사업자에게는 '비용처리'라는 혜택이 있습니다. 사업에 필요한 각종 활동에 발생하는 금액들을 생산을 위해 필요한 활동이라 인정하고 그 금액만큼은 소득에 반영하지 않는 거죠. 하지만 일반 근로자는 비용처리할 수 있는 방법이 따로 없기 때문에 일상의 소비를 공제해주고 있습니다.

기본적으로는 현금을 사용하고 지급받는 현금영수증, 체크카드·신용카드 사용액이 해당됩니다. 소득공제를 받기 위해서는 1차적으로 총 급여(세전금액)의 25% 이상을 소비해야 합니다. 일상생활에서 누구나가 쓰는 평균적인 비용을 25%라고 지정한 겁니다. 이 이상의 금액부터는 비용으로 인식해 공제 대상이 됩니다.

신용카드를 언급하면서 신용카드보다 체크카드가 공제율

이 훨씬 높다고 말씀드렸죠? 이미 25% 이상을 사용한 경우 이후 사용액부터는 최대 300만 원(총 소득 7,000만 원 이하일 경우 300만 원, 7,000만 원~1억 2,000만 원일 경우 250만 원, 1억 2,000만 원 이상은 200만 원)까지 소득공제를 받을 수 있습니다. 이때 체크카드를 사용한다면 30%가 공제 대상이 됩니다. 25%를 소비한 뒤 100만 원을 추가 체크카드로 소비했다고 가정한다면, 100만 원의 30%인 30만 원이 공제금액이 됩니다. 이와 다르게 신용카드는 체크카드의 절반인 15%만 공제되므로 15만 원만 인정되는 겁니다. 신용카드가 체크카드에 비해 각종 할인혜택이 많다는 이유로 신용카드를 쓰는 분들이 많은데 수수료 인하로 인한 혜택 축소와 연회비, 신용카드 공제 혜택 일몰 등의 이슈를 고려한다면 체크카드를 통해 소비하는 게 더 합리적입니다.

현금을 사용한 후 발행받는 현금 영수증 역시 체크카드와 마찬가지로 30%가 적용됩니다. 번거롭다고 현금영수증을 발급받지 않으면 안 됩니다. 신용카드로 총 소득의 25%까지 소비하라는 이야기는 많이 들어보셨죠? 신용카드를 연초에 우선 사용하고 나중에 현금이나 체크카드를 사용할 필요까진 없습니다. 신용카드 사용액을 우선적으로 정산하기 때문이죠.

신용카드를 꼭 써야한다면 신용카드 연간 사용액을 확인하면서 25%까지만 소비하는 습관은 꼭 자기 것으로 만드시기 바랍니다. 신용카드 혜택을 최대한 활용할 수 있는 소비를 한 데 모아 25%선으로 맞추고, 이 외의 소비는 현금이나 체크카드로 하도록 합시다.

주의할 점은 모든 소비가 공제 대상이 아니라는 겁니다. 각종 세금이나 공과금, 휴대폰 · 인터넷 요금, 중고차를 제외한 자동차 구입, 상품권이나 유가 증권 구입 등은 아무리 많은 금액을 지출했어도 한도 내에 포함되지 않습니다. 일반적인 소비 범주에는 포함되지 않는 활동들이 이에 해당된다고 할 수 있습니다.

위에 언급된 300만 원이라는 한도는 소비유형에 상관없이 공유됩니다. 이와 다르게 개별적으로 적용되는 추가 소득공제 항목도 존재합니다. 전통시장을 이용할 경우에는 사용액의 40%까지 인정되며 최대 100만 원까지 추가로 공제받을 수 있습니다. 전통시장을 가지 않더라도 최근 광고에 많이 등장하는 '제로페이(소상공인을 위한 간편 결제 시스템)'를 이용해도 동일한 효과를 발휘합니다.

평상시에 이용하는 대중교통 역시 전통시장과 동일하게 40%의 공제율로 최대 100만 원까지 혜택을 받을 수 있습니다. 1년간 250만 원을 교통비로 사용하면 딱 100만 원을 받을 수 있습니다.

문화 중흥의 목적으로 신설된 소득공제도 있습니다. 공연을 관람하거나 도서를 구입할 경우에도 사용한 금액의 30%를 100만 원 한도로 공제받을 수 있습니다. 위에 언급된 세 가지 항목은 '각각' 100만 원의 한도를 가지고 있기 때문에 지금까지 열거한 모든 조건을 충족한 근로자는 최대 600만 원까지 소득공제를 받을 수 있습니다.

2001년 1월 1일 이전에 가입했던 연금저축보험도 소득공제 혜택이 적용됩니다. 최대 72만 원까지 수령할 수 있습니다. 노후를 대비한 연금을 준비하면서 동시에 소득공제까지 받을 수 있는 일석이조의 상품입니다.

주택청약통장에 납입한 금액에 대해서는 40%까지 혜택을 제공하고 있습니다. 이 때문에 매월 큰 금액을 청약통장에 납입하는 분들도 계시는데, 개인적으로는 큰 금액을 청약에 넣어두는 건 권하고 싶지 않습니다. 일반 예금통장보다는 이율이 높고 소득공제까지 챙길 수 있지만 효율적인 재테크 수단으로써는 적합하지 않기 때문입니다. 최소한의 금액으로만 이익을 보는 선에서 운영하기 바랍니다. 청약통장의 소득공제는 모두에게 적용되는 사안이 아닙니다. 본인 명의의 등기가 없는 무주택자여야하며, '세대주'여야 합니다. 부모님과 함께 거주하면서 통근을 하거나 주소지를 따로 옮기지 않고 타지 생활을 하는 청년들 중에는 세대주가 아닌 경우가 많습니다. 그렇기 때문에 세대주로 등록할 수 있는 여건이라면 부모님과 분리해 세대주 자격을 갖춰야 합니다.

친숙하지 않은 소득공제 항목들도 존재합니다. 우리사주조
합출연금, 중소기업창업투자조합 출자금 등 투자를 하면서 소
득공제까지 받을 수 있는 상품들도 시중에 존재합니다. 그렇
지만 중소기업창업투자조합출자금과 같은 경우 통상 금전적
으로 여유가 있는 자산가들이 과도한 세금 부담을 줄이기 위
한 방법으로써 활용하곤 합니다.

지금까지 나열한 항목들이 소득공제를 구성하고 있는 요소
들입니다. 근로자별로 해당되는 소득공제 증빙 자료를 제출하
게 되면 근로소득에서 합산 금액이 제외됩니다. 근로소득에서
공제 금액을 차감하고 나면 실제로 과세표준에 적용하는 소
득이 계산되며, 여기에 세율이 적용됩니다. 이 후에 계산되는
세금은 세액공제로 다시 한 번 줄일 수 있습니다.

세액공제도 확인할 것!

'연말정산 간소화 서비스'에서 한눈에 확인할 수 있는
대부분은 세액공제에 해당하는 항목들입니다. 이 외에도 추가
적으로 적용되는 공제를 하나하나 살펴보도록 하겠습니다.

대표적인 세액공제 대상은 의료비입니다. 아무리 건강한

사람이라도 감기 등으로 병원을 다녀오곤 합니다. 의료비 세액공제는 반가운 항목 중 하나죠. 1년간 질병 등으로 발생한 병원비는 연간 700만 원 한도 내에서 15%까지 세액공제를 받을 수 있습니다. 65세 이상이거나 장애인 혹은 건강보험정산 특례대상자인 사람에게 지출한 의료비 경우에는 한도 없이 세액공제가 이뤄집니다.

출산장려 차원에서 제공되는 의료비 세액공제도 있습니다. 난임 치료에 해당하는 치료비는 5% 증가된 20%의 혜택이 제공됩니다. 최근 들어 많은 산모가 이용하고 있는 산후조리원 비용도 의료비 세액공제 대상입니다. 연 소득 7,000만 원 이하의 근로자에게는 출산 1회당 200만 원 한도까지 공제받을 수 있습니다.

출생과 육아 과정에서는 많은 비용이 듭니다. 정부에서는 세액공제를 통해 이를 일부 지원하고 있습니다. 먼저, 출산을 할 때에는 첫째 30만 원, 둘째 50만 원, 셋째 이상은 70만 원의 공제가 이뤄집니다. 입양 역시 출생과 똑같은 효력을 발휘합니다. 자녀가 7세 이상이 되거나 7세 이하지만 취학아동이면 또 다른 공제가 적용됩니다. 자녀가 1명이면 15만 원, 2명일 경우 30만 원, 3명 이상이면 초과 1명당 30만 원의 세액공제를 받을 수 있습니다.

교육비 역시 세액공제 항목 중 하나입니다. 근로자 본인의 역량 개발을 목적으로 1학기 이상 등록한 대학 · 대학원 등록비는 전액 공제됩니다. 또한 장애인을 위해 지출한 교육비 역시 전액 공제 대상입니다. 자녀 교육비의 경우 고등학생 이하 자녀의 교육비는 1명당 연 300만 원까지, 대학생은 900만 원 한도로 신청할 수 있습니다.

정부에서는 구성원들에게 필요한 행동을 유도하기 위해 세제혜택을 활용하기도 합니다. 연금계좌에 대한 세액공제는 이러한 맥락의 일환입니다. 정부에서 운영하는 국민연금만으로는 전 국민의 노후를 책임지기에는 한계가 있습니다. 그렇기 때문에 정부는 회사에서 보조해주는 퇴직연금, 근로자가 직접 선택하는 개인연금 가입을 권유하고 있습니다. 이를 3층 연금 구조라 부릅니다.

국민연금과 퇴직연금은 취업과 동시에 자연스럽게 가입하지만 개인연금은 근로자의 선택에 따라 개별적으로 준비해야 하는 부분이기 때문에 세액공제 지원을 하면서 가입을 독려하고 있습니다. 연간 납입 연금보험료 중에서 급여가 5,500만 원 이하인 근로자는 15%, 이외에는 12%가 반영됩니다. 연간 한도는 700만 원이며, 그중 연금저축은 400만 원(총 급여 1억 2,000만 원 초과자는 300만 원) 이내에서만 혜택을 받을 수 있습니다.

사람들은 다양한 경로로 기부를 합니다. 종교인들처럼 해당 종교에 기부하기도 하고, 유니세프와 같은 비영리단체에 기부하기도 합니다. 각자가 후원하는 정당에 전하는 기부금은 정치자금기부금, 국가나 지방자치단체에 기부하는 금액은 법정기부금이라 부릅니다. 우리사주조합(소속된 회사의 주식을 매수할 수 있도록 돕는 단체)기부금이라는 유형도 있습니다. 이렇듯 다양한 기부 방식이 있고 기부 역시 장려되는 활동 중 하나기 때문에 세액공제 대상에 포함돼 있습니다. 기부금은 기부액의 15%의 비율로 공제됩니다. 종교단체나 문화·예술단체, 비영리단체 등에 기부하는 기부금을 지정기부금이라 부르는데, 지정기부금과 우리사주조합기부금, 법정기부금의 총 액수가 1,000만 원이 넘을 경우 초과분은 30%로 상향됩니다. 단, 지정기부금은 전체 급여의 30%를 초과할 수 없습니다. 정치자금기부금은 별도로 계산합니다. 10만 원 이하를 기부했을 때는 100/110만큼의 세액공제를 받으며, 기부액이 10만 원을 초과했을 때부터 15%가 공제됩니다. 3,000만 원을 초과해 기부를 했다면 3,000만 원 초과분에 대해서는 25%를 받습니다.

대다수가 가입·활용하고 있는 보장성보험 월납보험료도 12%, 연간 100만 원 한도로 세액공제됩니다. 7,000만 원 이하 무주택 세대주는 월세도 750만 원 한도로 세액공제 신청을 할 수 있습니다.

이 외의 세액공제 항목에는 해외에서 납부한 근로소득, 주택자금차입금의 상환이자, 안경(콘텍트 렌즈 포함) 구입비 등이 있습니다. 중소기업에서 종사하고 있는 근로자들을 위한 특별한 혜택도 있습니다. 세액감면에 해당되는 소득세 감면입니다. 15~34세인 청년이 중소기업에 취업을 했다면 취업 후 5년간 소득세 90%를 감면받습니다. 60세 이상 노인과 경력단절여성, 장애인이 중소기업에 종사하게 되면 3년간 70%의 감면 혜택이 주어집니다.

이 세액공제 항목들까지 증빙이 끝나면 연말정산의 모든 과정이 마무리됩니다. 각 항목들을 꼼꼼히 챙겨 관련 서류를 제출했다면 다시 토해낼 확률보다는 환급받을 가능성이 커질 겁니다.

매년 조금씩 바뀌는 공제 내용들은 국세청과 포털사이트를 통해 확인할 수 있습니다. 또한 연말정산 신고기간이 도래하면 언론사에서도 직전 해와 달라진 점들을 기사로 내보내니 신고 전에 한 번씩 살펴보시기 바랍니다. 전체적인 흐름을 이해하기만 하면 약간의 변동에는 무리 없이 대처할 수 있습니다. 작은 관심이 우리의 지갑을 더욱 든든하게 부풀려줍니다.

연말정산 도우미 '홈택스'

연말정산 기간이 다가오면 어김없이 포털사이트 검색어 순위 상위에 등장하는 검색어가 '홈택스'입니다. '연말정산 간소화 서비스'와 홈택스를 동일하게 여기는 분도 가끔 계시는데, 연말정산 간소화 서비스는 홈택스에서 제공하는 기능 중 하나입니다.

국세청에서 운영하고 있는 홈택스는 연말정산에 편의를 주는 서비스 이외에도 다양한 메뉴가 있습니다. 돈이 있는 곳에는 항상 세금이 함께 합니다. 돈이라는 존재가 영향을 미치는 범주가 워낙 넓기에 홈택스에서 제공하고 있는 서비스 역시 방대합니다. 이중에서 우리가 활용하기 좋은 기능 몇 가지를 살펴보고자 합니다.

홈택스의 모든 메뉴는 공인인증서를 등록하면 이용 가능합니다. 한 번이라도 연말정산 간소화 서비스를 이용한 적이 있다면 무리 없이 모든 기능을 활용할 수 있습니다. 연말정산과 관련해서는 간소화 서비스뿐 아니라 환급금을 미리 조회해볼 수 있는 기능도 있습니다. 신고 후 받게 될 금액이 얼마가 될지 계산해보는 것도 하나의 재미입니다. 직전 해에 이직을 한 이들이 연말정산 신고를 할 때 장애물로 다가오는 직전 직장의 원천징수영수증은 홈택스에서 바로 발급 가능합니다. '민원증명' 메뉴를 클릭하면 근로소득을 비롯한 각종 소득 증빙 서류를 출력해 사용할 수 있습니다.

똑똑한 장보기에 도움이 되는 메뉴도 있습니다. 소득공제 항목 중에 전통시장 이용금액이 해당됐던 것 기억하시나요? 홈택스에 접속하면 소득공제가 적용되는 전통시장이 우리 주변 어디에 있는지를 미리 살펴볼 수 있습니다.

살면서 한 번은 겪게 되는 상속·증여 이슈에도 도움이 되는 장치가 많습니다. 상속·증여와 관련된 세금은 적게는 10%, 많게는 50%(상속 시 상속자산 현황에 따라 할증 가능)까지 낼 수 있기 때문에 미리 그 자산을 파악하고 있는 게 중요합니다. 조회/발급 메뉴에서 '상속·증여재산 평가하기'를 클릭하면 사전에 해당 자산을 가늠해볼 수 있습니다. 특히 상속 시점이 다가오면 미리 이 과정을 거치는 게 좋습니다. 상속을 받는다는 건 피상속인(상속을 해주는 사람. 통상 부모)이 사망했다는 이야기이기도 합니다. 피상속인이 사망하는 상속개시 시점이 되면 유산을 받는 상속인은 6개월 내에 상속세 신고를 해야 합니다. 피상속인이 사망했다는 사실만으로도 심신이 복잡할 텐데 상속자산 평가와 신고를 동시에 한다는 건 상당히 어려운 일입니다. 홈택스에 있는 메뉴만 알고 있어도 사전에 자산평가를 받아볼 수 있으니 이런 기능이 있다는 건 알아두시기 바랍니다.

현금영수증을 발급해주지 않는 등 세금 신고·납부 과정에서 불합리한 일을 겪었다면 민원을 제기할 수도 있으며, 직접 세금을 신고하다가 어려움을 맞닥뜨렸을 때 지원을 요청하는 것도 가능합니다.

사회초년생은 신경 써야 할 세금이 그다지 많지 않습니다. 하지만 경력이 쌓여 급여가 높아지고, 자산이 늘어날수록 세금과 관련해서 알아야 할 사항은 급격하게 늘어납니다. 무지하면 할수록 더 많은 세금 문제에 봉착하게 됩니다. 홈택스에서는 이러한 불안 요소를 최소화시킬 수 있도록 많은 도움을 제공하고 있습니다. 연말정산 기간 이외에도 한번씩 들러 친숙해지도록 합시다.

ⓦ | 맺는말

읽으면서 느끼셨겠지만 이 책의 목적은 고도의 재테크 지식이나 노하우를 습득하는 것과 거리가 멉니다. 돈을 처음 다루기 시작하는 사회초년생들이 건전한 태도를 바탕으로 좋은 습관을 기르도록 자극하는 데에 있습니다.

'지갑을 열지 말라'는 의미는 구두쇠처럼 돈을 쥐고 있으라는 이야기가 아닙니다. 하지만 오늘날 많은 젊은이들은 과열된 소비로 재테크와의 심리적 거리가 점점 멀어지고 있습니다. 젊은 세대가 현 상황을 냉정하게 점검하고 '현명한 소비'를 할 수 있도록 생각을 전환할 기회를 마련하고 싶었습니다.

과거 어느 때보다 다양한 방식으로 소비를 하는 21세기, 4차 산업혁명 시대를 살아가는 이들에게 소비는 일상이지만,

아이러니하게도 그 어느 때보다 현재와 미래를 위해 재테크를 적극적으로 해야만 하는 현실이기도 합니다.

머지않아 상당수의 직업이 4차 산업혁명의 풍파에 사라져 갈 겁니다. 경제활동 시기가 짧아지고, 소득이 급격히 줄어들 가능성도 다분합니다. 이 상황은 대한민국을 비롯한 전 세계 모든 젊은이들이 바로 '지금' 마주하고 있는 현실입니다. 여러 전문가들이 이에 대한 우려를 표하고 있지만 많은 2030세대가 이를 자각하지 못하고 있습니다. 이대로 방치했다가는 큰 사회적 문제가 야기될 것이 불 보듯 뻔하지만, 그 누구도 해결을 위해 선뜻 나서지 못하고 있습니다.

저는 엄청난 투자 능력을 보유해 남들이 부러워할 만한 부를 축적한 투자 전문가가 아닙니다. 여러분처럼 쉽게 지갑을 열기도 하고, 어려운 상황에 처해 대출을 받기도 했습니다. 여러분과 마찬가지로 여러 시행착오와 실수를 겪고 있는 청년입니다.

어려운 내용을 공부하고, 이해하고, 경험하고, 소화해서 동시대를 사는 사람들이 쉽게 이해하도록 돕고자 하는 사람일 뿐입니다. 저 역시 이 책을 읽으실 독자들과 함께 이 시대를 살아가야 하고, 당면한 현실을 이겨내야 합니다.

다만 여러분과 다르게 경제와 돈이라는 주제를 업으로 삼으며 조금 더 많은 걸 느끼고 있기에 이렇게 책으로나마 계기를 마련코자 합니다. 제가 겪었던 실수를 독자들은 하지 않았으면, 미력한 식견으로 분석하고 전망한 시대의 흐름 속에서 여러분이 낙오하지 않았으면 하는 바람이 담겨 있을 뿐입니다. 돈에 집착하자는 이야기가 아닙니다. 황금만능주의는 제가 가장 지양하는 바입니다. 돈을 올바로 이해하고, 자신의 힘으로 부를 축적하는 기틀을 마련하기 위한 최소한의 관심을 강조할 뿐입니다.

모두가 행복하기는 어렵겠지만, 그래도 조금 더 노력한다면 현재보다 여유로운 미래를 꾸려나갈 수 있다고 믿습니다. 저 역시 그 믿음을 바탕으로 하루하루 이겨나가기 위해 노력하고 있습니다. 경제신문 읽기, 지금까지보다 이성적으로 소비하기 등 어느 하나 쉬운 일은 없습니다. 하지만 하나하나 쌓이다보면 지금보다 훨씬 풍요로운 삶을 사는 원동력이 될 거라 확신합니다.

제 작은 욕심 하나를 적으며 이야기를 매듭짓고자 합니다. 이 책이 누군가에게는 재테크를 곧장 시작하는 계기가 됐으면 합니다. 그리고 그 누군가가 재테크로 큰 성공을 거둬, 자신보다 어려운 상황에 처한 이들에게 따뜻한 손을 내밀었으면 합니다. 이런 선순환이 커진다면 헬조선이라는 말도 구시대의 유물처럼 사라지지 않을까 기대해봅니다. 여러분이 걸어가실 앞으로가 지금보다 더 행복하고 풍요롭기를 진심으로 바라봅니다.

KI신서 8947
제발 지갑 열지 마

1판 1쇄 발행 2020년 3월 11일
1판 2쇄 발행 2020년 5월 15일

지은이 권종영
펴낸이 김영곤
펴낸곳 ㈜북이십일 21세기북스

콘텐츠개발본부 콘텐츠개발팀장 장인서
콘텐츠개발팀 김혜영 이은 김보희
영업본부 이사 안형태
영업본부장 한충희
출판영업팀 김수현 오서영 최명열
제작팀 이영민 권경민

출판등록 2000년 5월 6일 제406-2003-061호
주소 (10881) 경기도 파주시 회동길 201 (문발동)
대표전화 031-955-2100 팩스 031-955-2151 이메일 book21@book21.co.kr

ⓒ 권종영, 2020
ISBN 978-89-509-8629-2 (03320)

㈜**북이십일 경계를 허무는 콘텐츠 리더**

21세기북스 채널에서 도서 정보와 다양한 영상자료, 이벤트를 만나세요!
페이스북 facebook.com/jiinpill21   포스트 post.naver.com/21c_editors
인스타그램 instagram.com/jiinpill21   홈페이지 www.book21.com
유튜브 www.youtube.com/book21pub
서울대 가지 않아도 들을 수 있는 명강의! 〈서가명강〉
네이버 오디오클립, 팟빵, 팟캐스트에서 '서가명강'을 검색해보세요!

• 책값은 뒤표지에 있습니다.
• 이 책 내용의 일부 또는 전부를 재사용하려면 반드시 ㈜북이십일의 동의를 얻어야 합니다.
• 잘못 만들어진 책은 구입하신 서점에서 교환해 드립니다.